AF461382

SUPPLÉMENT
DU LIVRE
DE
L'ASSOCIATION DE PRIÈRES
EN L'HONNEUR
DU SAINT-SACREMENT,

FORMÉE A PARIS DANS L'ÉGLISE ROYALE DE NOTRE-DAME DE BONNE-NOUVELLE, ET A BEAUVAIS, DANS L'ÉGLISE CATHÉDRALE, etc., etc., AFIN D'ATTIRER SUR L'ÉGLISE DE FRANCE DES BÉNÉDICTIONS PARTICULIÈRES.

A PARIS,
A LA LIBRAIRIE ECCLÉSIASTIQUE
DE RUSAND, RUE DE L'ABBAYE S. G., n° 3;
A. EGRON, IMPRIMEUR-LIBRAIRE,
rue des Noyers, n° 37.
A LYON,
CHEZ RUSAND, LIBRAIRE, IMPRIMEUR DU ROI.
1822.

TABLE DU SUPPLÉMENT.

CONGRÉGATION
de N.D. de Bonne Nouvelle de Paris.

Reine des cieux, protège l'héritage
Que les Bourbons ont soumis à ta loi!
Montre-toi mère, achève ton ouvrage;
Daigne veiller sur la France et son Roi.

Moi ___
Je me dédie et consacre aujourd'hui et pour toujours à Jésus et à Marie, le ___

MULTITUDINIS
Credentium erat cor unum et anima una.

CONSÉCRATION
DE LA FRANCE
à la Sainte Vierge.

Ô Vierge Sainte, vous avez toujours si spécialement protégé la France.... Des monumens sans nombre nous attestent combien elle vous a toujours été chère et les miracles dont nous sommes les témoins, l'attesteront encore plus hautement aux siècles à venir. Quelle autre que vous, ô Vierge Sainte, auroit pu désarmer la colère de votre Fils si longtems irrité par nos crimes? Quelle autre intercession auroit fait succéder enfin, la miséricorde à la justice, des jours de paix et de salut à tous les fléaux dont nous étions accablés? Sans doute il est bien juste que des cœurs françois et chrétiens entrent dans les sentimens de celui de nos Rois qui vous consacra son royaume: ainsi donc plein de confiance dans votre protection puissante et dans votre tendresse maternelle, nous vous offrons au nom de cette immense société dont nous sommes les membres, nous vous offrons notre Roi, son auguste famille, en particulier l'enfant miraculeux que le ciel nous a donné dans sa miséricorde, nous vous offrons nos pontifes, nos prêtres, nos magistrats, nos guerriers, nos parens, l'enfance, la jeunesse, en un mot la France

toute entière

ABRÉGÉ
DE LA DOCTRINE CHRÉTIENNE;

Par M. l'abbé DE LA HOGUE, docteur et professeur de Sorbonne.

LES membres de cette *Association de Prières en l'honneur du Saint-Sacrement* doivent prendre pour eux-mêmes les avis que M. *Boudon* donne aux membres d'une Association dont il nous a laissé le dessein en l'honneur des neuf chœurs des SS. Anges: « Tous les Confrères se souviendront que l'Association ayant pour fin l'empire de Jésus et de Marie, qui ne s'établit que par la connaissance et l'amour de Dieu, ils ont une obligation spéciale de faire instruire leurs enfans et leurs domestiques des mystères de la Foi, et d'en apprendre eux-mêmes les vérités les plus nécessaires qu'ils n'ignorent que trop souvent, ils ne manqueront pas de les enseigner aux pauvres qu'ils visitent ou à qui ils donnent l'aumône. » C'est pour faciliter aux Associés l'accomplissement d'un devoir si important, qu'on a ajouté à ce livre un *Abrégé de la Doctrine chrétienne*, et des preuves sur lesquelles elle est appuyée, afin qu'ils puissent aisément se rendre compte à eux-mêmes et de leur foi, et des motifs qui la rendent raisonnable, et procurer à d'autres le même avantage.

PRINCIPAUX ARTICLES DE LA DOCTRINE CHRÉTIENNE.

Il existe un Dieu, qui a créé le ciel et la terre par sa toute-puissance, qui gouverne le monde par sa sagesse, et qui, par sa justice, rendra à chacun selon ses œuvres.

Ce Dieu Eternel et Tout-Puissant est infini dans

ses perfections, indépendant, immuable, présent partout; il connaît tout, jusqu'aux plus secrètes pensées de nos cœurs.

Dieu en créant l'homme, l'a formé de deux substances; l'une *matérielle*, par laquelle il ressemble aux animaux : l'autre *spirituelle*, qui, par ses facultés, l'élève beaucoup au-dessus d'eux, et le rend l'image de son Créateur.

L'homme, par cette substance spirituelle, est capable de connaître Dieu, de l'aimer, de l'adorer, de le servir et par ce moyen d'obtenir une récompense qui puisse satisfaire le désir et le sentiment que l'âme a de son immortalité, et par conséquent d'une autre vie.

Ces premières vérités que la raison nous enseigne, ont été confirmées par la *Révélation*; c'est-à-dire, par le témoignage exprès que Dieu lui a rendu, d'abord en parlant lui-même aux Patriarches avant la loi écrite; ensuite par Moïse et les Prophètes de l'ancienne loi; enfin par Jésus-Christ son Fils.

La Révélation contient beaucoup d'autres vérités, auxquelles la raison la plus saine et la plus éclairée ne pouvait jamais atteindre, et que nous appelons *des Mystères*. Elle nous apprend aussi les moyens que Dieu, dans sa miséricorde, a choisis, et qu'il a offerts à l'homme coupable, afin qu'il pût rentrer en grâces, éviter des peines éternelles et acquérir un bonheur sans fin, qui est la vue et la possession de Dieu même.

Ce Dieu, créateur du ciel et de la terre et auteur de la Révélation, existe en trois personnes distinctes; savoir, le Père, le Fils et le Saint-Esprit. Ces trois personnes sont égales en toutes choses; l'une n'est ni plus ancienne, ni plus puissante que l'autre; elles sont de toute éternité.

La seconde personne, qui est le Fils, s'est fait homme, en prenant un corps et une âme semblables aux nôtres, dans le sein de la bienheureuse Vierge Marie, où il a été conçu par l'opération du Saint-Esprit.

Ce Dieu fait homme, huit jours après sa naissance, fut nommé *Jésus*, c'est-à-dire, *Sauveur*; parce qu'il venoit délivrer les hommes de l'esclavage du péché et des peines de l'enfer.

Jésus-Christ, Dieu et homme tout ensemble, a paru sur la terre semblable aux enfans des hommes par la nature humaine qu'il avoit prise. Après avoir passé plus de trente ans dans l'obscurité d'une vie privée qui n'a pas été moins méritoire pour nous que le temps où il a opéré des prodiges, il a commencé à remplir son ministère public de *Sauveur* des hommes, en prêchant sa doctrine et la confirmant par des miracles, en donnant l'exemple de toutes les vertus, en instituant des Sacremens pour nous sanctifier, en mourant sur une croix pour la rédemption de tous les hommes, et en établissant son Eglise pour durer jusqu'à la consommation des siècles.

Le troisième jour après avoir été mis dans le tombeau, J.-C. en est sorti glorieux par sa vertu toute-puissante; et quarante jours après sa résurrection il s'est élevé par cette même vertu dans le Ciel, en présence de ses Apôtres et d'un grand nombre de disciples. Assis à la droite de son Père, il continue auprès de lui les fonctions de Médiateur en faveur des hommes, jusqu'à ce qu'il vienne juger les vivans et les morts.

Dix jours après son Ascension, il a accompli la promesse qu'il avait faite aux Apôtres de leur envoyer son Esprit, qui est la troisième Personne de la Sainte Trinité ; afin que revêtus de cet Esprit de lumière et de force, ils pussent remplir l'ordre qu'il leur avoit donné, de prêcher son Evangile par toute la terre.

Jésus-Christ ne s'est pas contenté de satisfaire pour nous, et de nous mériter par son sang toutes sortes de grâces ; il a établi des Sacremens, pour être autant de canaux par lesquels les grâces nous fussent distribuées, suivant les différens besoins que nous pourrions avoir dans le cours de notre vie.

Ces Sacremens, au nombre de sept, sont le Baptême, la Confirmation, l'Eucharistie, la Pénitence, l'Extrême-Onction, l'Ordre et le Mariage.

Le Baptême, d'enfans de colère que nous naissons tous à cause de la désobéissance d'Adam, le premier père de tous les hommes, nous rend enfans de Dieu et de l'Eglise ; il efface dans les enfans le péché originel ; et dans les adultes, c'est-à-dire dans ceux qui ont atteint l'âge de raison, outre le péché originel, les péchés qu'ils auroient commis avant de le recevoir.

C'est par ce sacrement que nous sommes faits Chrétiens, ce qui veut dire disciples de Jésus-Christ. Celui qui le reçoit, renonce au démon, à ses pompes, qui sont les vanités du monde, à ses œuvres, qui sont les péchés ; et il contracte l'obligation de professer la doctrine de J.-C., et de suivre sa loi.

Le Sacrement de Confirmation nous rend parfaits chrétiens et nous donne la force de confesser la foi, même au péril de notre vie.

Le Sacrement d'Eucharistie contient réellement et en vérité le corps, le sang, l'âme et la divinité de N. S. J. C., sous les espèces ou apparences du pain et du vin, qui, après la consécration faite par le prêtre, n'existent plus et sont changés en *la substance* du Corps et du Sang de Jésus-Christ. En nous donnant ainsi son vrai corps, le même qui a été crucifié pour nous, et qui est à présent dans le ciel, son vrai sang, le même qui a été répandu pour nous, Jésus-Christ a voulu servir de nourriture spirituelle à nos âmes, s'y unir de la manière la plus intime, et nous donner le gage le plus assuré d'une résurrection glorieuse.

L'Eucharistie est encore un vrai sacrifice, dans lequel Jésus-Christ, pontife et victime tout ensemble, s'offre tous les jours pour nous par le ministère des Prêtres, et aussi véritablement qu'il s'est offert sur la croix, quoique d'une manière différente, en ce qu'il n'y a point sur l'autel d'effusion de sang.

Le Sacrement de Pénitence a été établi par Jésus-Christ, pour remettre les péchés commis après le Baptême. Les parties essentielles de ce Sacrement sont la confession exacte de tous ses péchés, lorsqu'on es dans la possibilité de la faire, une vraie contrition, et la satisfaction.

Le Sacrement de l'Extrême-Onction est pour le soulagement spirituel et corporel des malades.

Le Sacrement de l'Ordre perpétue dans l'Eglise la Hiérarchie instituée par Jésus-Christ, et composée des Evêques et des Prêtres, et des autres ministres qui seuls ont la puissance de faire les fonctions ecclésiastiques; ce Sacrement leur donne aussi la grâce de les exercer saintement.

Le Sacrement de Mariage donne à l'homme et à la femme unis dans une société légitime, les grâces nécessaires pour se sanctifier dans leur état, en supporter les peines, et élever leurs enfans dans la crainte du Seigneur.

Tous les travaux de Jésus-Christ sur la terre, tous les moyens de salut qu'il a établis, ont eu pour but de former son Eglise, non-seulement en tant qu'elle doit être un jour composée des prédestinés de tous les siècles, mais encore en tant que société visible sur la terre, elle devait rassembler dans son sein ses vrais disciples; et sous ce rapport, J.-C. lui a promis une durée aussi longue que celle des siècles qui devaient s'écouler. Cette vérité est annoncée dans l'Evangile de la manière la plus expresse. Jésus-Christ s'adressant à Pierre, lui dit : « *Tu es Pierre, et sur cette pierre je bâtirai mon Eglise;* « *et les portes de l'Enfer ne prévaudront point contre* « *elle* (1). » C'est aussi à Pierre qu'après sa résurrection il confie le soin du troupeau racheté de son sang, *les brebis* comme les *agneaux* (2). Près de monter au ciel, Jésus-Christ console ses Apôtres par ses dernières paroles : « *Toute puissance m'a été* « *donnée dans le Ciel et sur la terre; allez donc, ensei-* « *gnez toutes les nations, les baptisant* (3) *au nom du*

---

(1) S. Matth. xvj. 18.

(2) S. Jean, xxj. 15.

(3) *Baptisant.* Dans l'ordre que Jésus-Christ donne à ses Apôtres de *baptiser* les nations, est évidemment

« *Père, et du Fils, et du Saint-Esprit; leur apprenant à garder toutes les choses que je vous ai commandées; et voilà que je suis avec vous jusqu'à la consommation des siècles* (1).

Belles prérogatives, sans doute, grandes et magnifiques promesses! Mais elles étoient illusoires, si elles devoient se borner à Pierre et aux autres Apôtres, dont la vie allait bientôt être terminée par une mort glorieuse. Il est donc certain qu'elles regardaient non-seulement Pierre et les Apôtres, mais encore leurs successeurs légitimes, jusqu'à la consommation des siècles. Ainsi la chaire de Pierre est encore le fondement de l'Eglise de Jésus-Christ; et le Pape qui y est assis en est le Chef visible. Les Evêques qui par une *ordination légitime et une mission canonique*, deviennent les successeurs des Apôtres, sont encore chargés par Jésus-Christ d'enseigner les fidèles, et de leur administrer les Sacremens, par eux-mêmes, ou par les ministres à qui ils en donnent le pouvoir.

Il suit de là que l'infaillibilité que J.-C. a promise à ses Apôtres, en leur déclarant qu'il seroit avec eux *enseignans* et *baptisans jusqu'à la consommation des siècles*, appartient encore aujourd'hui, et appartiendra toujours au corps des premiers pasteurs unis à la chaire de Pierre; qu'eux seuls ont

---

compris celui de leur conférer les autres sacremens. Si J.-C. ne parle que du Baptême, c'est parce qu'il est l'*entrée* et le *fondement* des autres sacremens, qu'on ne peut recevoir *validement* avant d'être baptisé. — *V*, Bossuet, 1re et 2me Instructions sur les Promesses de l'Eglise.

(1) S. Matth. xxviij. 19. 20.

le droit de décider tout ce qui concerne le dogme, la morale, et le gouvernement de l'Eglise : que *les écouter, c'est écouter J.-C., les mépriser, c'est mépriser J.-C. lui-même, et son Père qui l'a envoyé* (1).

La vérité et l'étendue des grandes et magnifiques promesses faites à l'Eglise ne devaient point empêcher qu'elle ne fût attaquée. En l'assurant que *les portes de l'Enfer ne prévaudront point contre elle*, J.-C. lui annonçait des combats ; et bientôt ils commencèrent à avoir lieu. L'Apôtre S. Paul fait mention dans ses Epîtres, des schismes qui s'étaient déjà élevés parmi les chrétiens. Il dit, en termes exprès, « *Qu'*IL FAUT (2) *meme qu'il y ait des héré-* « *sies, afin que l'on connoisse ceux qui sont fermes dans* « *la foi* (3). » Mais l'histoire de l'établissement de l'Eglise, malgré les tempêtes dont elle a été assaillie dès le berceau, et sa durée jusqu'à ce jour, suffisent pour justifier la vérité des promesses de son divin Fondateur, et rassurer les fidèles contre toutes les attaques de l'enfer. *Constante* dans les dogmes qu'elle a reçus de Jésus-Christ, l'Eglise a toujours conservé dans son entier le dépôt de la doctrine qui lui a été confié. *Sainte*, elle a toujours enseigné les maximes les plus pures, et elle ne s'est jamais

---

(1) S. Luc. x. 16.

(2) « *Il faut...* » TERRIBLE IL FAUT (dit Bossuet), « qu'on ne lit point sans un profond étonnement. Mais « sans les schismes et les hérésies, il manquerait quelque « chose à l'épreuve où J.-C. veut mettre les âmes qui lui « sont soumises, pour les rendre dignes de lui. » (Pre- « mière Instruction sur les Promesses de l'Eglise.)

(3) 1. Cor. xj. 18. 19.

prêtée à aucun changement qui altérât la morale de l'Evangile. *Une* par essence, parce que Jésus-Christ ne peut avoir qu'une seule épouse, elle n'a jamais voulu recevoir ni conserver dans son sein ceux qui différaient d'elle sur le dogme et même sur des points de pure discipline qu'ils voulaient introduire ou retenir contre sa défense. En un mot, les hérésies et les schismes se sont succédés, et l'Eglise, malgré tant de persécutions, n'en a pas moins été toujours de toutes les sociétés chrétiennes, la plus répandue dans l'univers; effet sensible de la promesse que lui a faite Jésus-Christ, *qu'il serait avec elle jusqu'à la consommation des siècles.*

PRÉCIS

DES MOTIFS DE NOTRE CROYANCE.

Refuser de croire les mystères que la révélation propose, parce qu'on ne les comprend pas, c'est aller contre la raison; car il est des vérités que la raison démontre, et qui sont environnées d'obscurités impénétrables; et l'ordre même de la nature nous présente beaucoup de choses qu'on n'a jamais pu et qu'on ne pourra jamais expliquer (1).

Il n'est point de vérité plus certaine que celle de l'existence d'un Dieu. Cependant quel est celui qui peut connaître et concevoir l'*essence* de cet Etre éternel, infini, immense, immuable, présent par-

(1) « La *dernière* démarche de la raison, c'est de con-
« naître qu'il y a une infinité de choses qui la surpassent.
« Elle est bien faible, si elle ne va jusque-là. « *Pensées
« de Pascal.* Chap. 5, N. 1.

tout, etc, etc.? L'esprit humain se trouble bientôt dans ses recherches, et il trouve des ténèbres qui l'empêchent d'avancer.

L'homme peut-il sonder avec plus de succès sa propre nature, et l'expliquer? Composé de *corps* et d'*âme*, comprend-il comment ses deux substances, dont l'une est *spirituelle* et l'autre *matérielle*, sont aussi étroitement unies entre elles, et se correspondent avec autant de célérité que d'harmonie? Comprend-il mieux comment son esprit qui est *un*, et qui n'est pas composé de parties, a des facultés différentes, l'*entendement*, *la mémoire*, *la volonté*, et comment les opérations de ces facultés se varient à l'infini? « Quel prodige, que celui de *la mémoire!* « dit S. Augustin; je ne puis trop l'admirer, et *je* « *suis presque saisi d'effroi*, lorsque je considère la « multiplicité de ses opérations, et la vaste étendue « de ce qu'elle embrasse. Quel est l'homme qui ex- « pliquera jamais cette merveille? Néanmoins *la* « *mémoire* est une faculté de mon âme, qui est en « moi, et qui appartient à ma nature. *Je ne puis* « *donc pas me comprendre moi-même, je ne puis pas* « *concevoir tout ce que je suis; et mon esprit est si* « *borné, qu'il ne sait et où il est, et ce qu'il est* (1). »

(1) Confessions de S. Augustin, Lib. x. Ch. 8, N° 5. On ne peut rien lire de plus intéressant que la description des merveilles de *la Mémoire*, que fait S. Augustin depuis le huitième chapitre de ce livre jusqu'au vingt-deuxième. Il décrit dans le même ouvrage, avec autant de sagacité, les opérations mystérieuses des autres facultés de notre âme, et les effets merveilleux des *sens* de notre corps; et sur tous ces objets il défie les hommes les plus savans de donner quelque explication raisonnable.

Enfin si l'homme étudie la nature, il est arrêté presqu'à chaque pas par des mystères qu'il ne peut expliquer L'observateur le plus assidu et le plus clairvoyant a-t-il découvert comment les plantes proviennent d'une semence propre à chaque espèce, qui jetée en terre, *meurt* pour donner naissance à plusieurs rejetons de son espèce? Ce prodige n'est certainement pas plus aisé à expliquer que celui de la résurrection de nos corps sortant de la poussière du tombeau. Aussi l'Apôtre S. Paul s'en sert-il pour confirmer les Corinthiens dans la foi de ce dogme, et il traite d'*insensé* celui qui, voyant le premier prodige s'opérer tous les jours, révoque en doute le second que Dieu doit opérer à la fin des siècles (1).

Il semble que Dieu ait voulu que tout ce qui nous environne, et les vérités mêmes que la raison démontre, nous présentassent un grand nombre de mystères; afin de nous préparer et de nous disposer à croire ceux qu'il avoit intention de nous révéler (2)

---

(1) I. Ep. aux Corinthiens, ch. 15, v. 35.

(2) L'incrédule qui nie les mystères parce qu'il ne les comprend pas, et parce qu'il sent des répugnances à les croire, peut être comparé à un *aveugle-né* qui nierait tous les phénomènes de la *vue*, parce qu'il ne les conçoit pas, et que même ils paraissent contredire les idées qu'il a d'ailleurs. En effet, quand cet *aveugle-né* entend dire qu'avec un *sens* dont il est privé, et que nous appelons *la vue*, nous *embrassons* au même instant une étendue immense sur la terre et dans le ciel, que nous *atteignons* des objets éloignés de nous de *plusieurs millions de lieues*, tels que le soleil et les autres astres; quand il entend parler *des couleurs*, *des miroirs* où la même personne, le même objet se multiplie, et paraît entièrement

Mais comme la foi doit être *raisonnable* (1), et qu'il faut que nous puissions rendre compte des motifs qui nous déterminent à croire les mystères dont notre raison ne peut sonder la profondeur (2), l'on va donner le précis des preuves sur lesquelles est appuyée la révélation dont il a plu à Dieu de nous favoriser.

Dieu ayant le dessein de manifester aux hommes ses volontés, a dû parler de manière à ne laisser aucun doute sur la vérité des choses qu'il annonçoit. Les premières révélations dont il a honoré les Patriarches ont toujours été accompagnées de signes non équivoques de sa divine présence. Nous devons le croire d'après le témoignage de Moïse, si Moïse a été véritablement l'envoyé de Dieu; car, en rappelant, dans la loi qu'il a donnée aux Juifs de la part du Seigneur, ces premières révélations faites aux Patriarches, il leur donne la même autorité divine qu'à sa loi. Or, les preuves qui nous assurent

---

tel qu'il est, en repos ou en mouvement, etc., etc., ces phénomènes et beaucoup d'autres encore, ne doivent-ils pas lui paraître incroyables, et même être en contradiction avec les notions certaines qu'il a *du toucher, des distances* et de *l'unité* de chaque personne et de chaque objet. Cependant la saine raison l'oblige de regarder les répugnances qu'il a à croire ces merveilles, comme des préjugés qui viennent uniquement de l'ignorance profonde où il est sur la nature des choses dont il entend parler, et d'ajouter foi au témoignage de tous les hommes qui lui en attestent la vérité. Ainsi l'homme doit imposer silence à sa raison sur les mystères qui sont hors de sa portée, et les croire quand Dieu les lui révèle.

(1) Ep. aux Rom., chap. 12, v. 1.

(2) I. Ep. de S. Pierre, ch. 5, v. 15.

que Moïse a été l'envoyé de Dieu sont telles, que tout homme sensé ne peut refuser de s'y rendre.

Les plaies d'Egypte, le passage de la mer Rouge, la manne descendue du Ciel pendant quarante ans, pour nourrir dans un désert aride une multitude innombrable, des eaux vives qui, au commandement de Moïse, jaillissent des rochers, sont, entre beaucoup d'autres merveilles qu'il a opérées, des preuves incontestables pour tout homme raisonnable, de la vérité de la mission qu'il annonçoit avoir reçue de Dieu.

Les Prophètes qui, dans les âges suivans, ont paru parmi les Juifs, et qui tous ont rendu témoignage à Moïse comme à l'envoyé de Dieu, ont aussi prouvé leur mission par des signes éclatans. Maîtres des élémens, ils frappent la terre de stérilité, ou ils rappellent l'abondance; ils commandent à la pluie et aux tempêtes de venir, ou ils les arrètent; ils divisent les eaux pour traverser à sec leur lit; ils ressuscitent les morts. Exposés aux bêtes féroces, ils n'en reçoivent aucun mal (1).

Enfin, ils prédisent les destinées futures non-seulement de leur nation, mais encore des royaumes étrangers, de l'univers entier (2): et chacune de ces prédictions s'est vérifiée à la lettre, au moment précis qu'ils avaient marqué.

Tous ces faits sont consignés dans les différens

---

(1) Ces prodiges sont rapportés au premier Liv. des Rois. Chap. 12; III. Liv. Chap, 17. 18; IV. Liv. Ch. 2. 4, 7. Et Daniel, Ch. 6, 14, etc.

(2) Les différens Prophètes, et en particulier Isaïe et Daniel, ont annoncé les révolutions des empires.

livres de l'ancien Testament, qui ont été écrits et rendus publics à l'époque même où les prodiges sont rapportés ; il a donc été impossible d'en imposer dans le principe à la crédulité des peuples : une infinité de personnes se seraient élevées de tous côtés, pour réclamer contre des mensonges aussi manifestes, si les faits qu'on rapportait eussent été faux.

D'autre part, les livres de l'ancien Testament n'ont pu être altérés dans la suite des temps, parce que la nation entière des Juifs en étoit dépositaire. Ce sont eux qui ont transmis ces livres aux Chrétiens, et ils les conservent encore avec le plus grand respect, quoiqu'ils y lisent la condamnation de leurs Pères, presque toujours rebelles à la volonté du Seigneur ; et que l'arrêt qui leur ôte l'auguste prérogative d'être *le peuple de Dieu*, y soit écrit en caractères bien intelligibles. Non, jamais il n'y eut de preuve plus forte pour constater l'authenticité d'un ouvrage, et de tout ce qui y est contenu ; et leur endurcissement y ajoute un nouveau degré de force, parce qu'il avait été prédit (1).

La révélation faite par Jésus-Christ, auteur de la loi nouvelle, est appuyée sur des preuves aussi frappantes.

I. Il suffit de considérer avec quelque attention les

---

(1) « Les juifs sont visiblement *un peuple fait exprès* « *pour servir de témoin au Messie*. Ils portent les livres « qui l'annoncent, et les aiment, et ne les entendent « point. Et tout cela est prédit ; car il est dit dans ces « mêmes livres que les jugemens de Dieu leur sont con- « fiés, mais comme un livre scellé. »

Pensées de Pascal sur la Religion, ch. 10.

différentes circonstances de la naissance, de la vie et de la mort de Jésus-Christ, et tous les événemens qui ont suivi dans l'ordre de la Religion, pour voir clairement que ce nouveau Législateur étoit le terme de toutes les figures de l'ancienne loi : qu'il a été cet envoyé extraordinaire annoncé dès l'origine du monde, l'objet des vœux des Patriarches, l'attente des Nations, celui enfin dont tous les Prophètes n'ont parlé qu'avec le respect dû à la majesté d'un Dieu, lors même qu'ils annonçoient ses souffrances et ses opprobres.

II. Jésus-Christ donne pour preuves de sa mission, les prodiges qu'il opère, et qui, suivant ces mêmes Prophêtes, devaient distinguer le Fils de Dieu : il rend la vue aux aveugles, l'ouïe aux sourds, l'usage de leurs membres aux paralytiques, la vie aux morts enfermés dans le cercueil, ou qui étaient déjà affectés de la corruption du tombeau. Les miracles ne cessent point à sa mort : au moment où il expire, le voile du temple se déchire de lui-même, le soleil s'éclipse, la terre tremble, les sépulcres s'ouvrent, et des morts qui y étaient enfermés depuis long-temps en sortent et parcourent Jérusalem pour lui rendre témoignage. Jésus-Christ ressuscite lui-même, le troisième jour, comme il l'avait annoncé; et peu de temps après il s'élève dans le Ciel avec la majesté d'un Dieu.

III. Cinquante jours depuis la mort de Jésus-Christ sont à peine expirés, que ses Apôtres annoncent publiquement qu'il était le Fils de Dieu ; et ils citent en preuve ces différens prodiges. Ils les racontent comme des faits connus de tout Jérusalem, et personne ne les contredit ; ils les confirment par de nouveaux miracles qu'ils opèrent eux-mêmes au nom de Jésus crucifié ; ils en attestent la vérité par toute la terre, au péril de leur vie ; et ils scellent leur témoignage de leur sang. Des témoins qui se laissent ainsi égorger, plutôt que de se taire, méritent bien d'être crus sur *ce qu'ils disent avoir vu de leurs yeux, entendu de leurs oreilles, et touché de leurs mains.*

IV. Si l'on fait encore réflexion à la manière dont la Religion chrétienne s'est établie malgré les préjugés de l'esprit et les passions du cœur qui dominaient tous les hommes, et malgré la puissance des tyrans armés contre elle ; si l'on considère le nombre presque infini de martyrs de tout âge, de tout sexe, et de toute condition, qui ont souffert avec joie les plus cruels tourmens et la mort pour Jésus-Christ ; enfin lorsqu'on voit la perpétuité de la Religion, que les efforts multipliés de l'Enfer n'ont pu détruire, un homme raisonnable peut-il attribuer des faits aussi extraordinaires au cours des choses humaines, ou au hasard ? Peut-il n'y pas reconnoître le sceau de la Divinité !

Refuser de croire à la révélation faite par Jésus-Christ, c'est donc fermer volontairement les yeux à la lumière ; un pareil aveuglement ne peut jamais être excusable.

Celui qui ne croira pas sera condamné ; mais la foi sans les œuvres ne suffit point, elle ne servirait au contraire qu'à nous rendre plus coupables aux yeux de Dieu. Car c'est pour réformer notre cœur, ainsi que pour éclairer notre esprit, que J.-C. est venu sur la terre. Il a voulu nous apprendre à renoncer à « toute impiété, à tous les désirs

« du siècle, à vivre avec *tempérance*, avec *justice*, « avec *piété* (1), afin que nous devenions un peuple « qui lui soit agréable par les bonnes œuvres; et « qu'au jour de sa gloire et de celle de son Père « (dans le jugement dernier), séparés des réprouvés « qu'il condamnera *à un feu éternel*, nous puissions « entendre de sa bouche ces paroles ; *Venez, les « bien-aimés de mon Père ; possédez le Royaume qu'il « vous a préparé depuis le commencement du monde, « pour y être éternellement heureux* (2). »

Avis et moyens pour réfléchir utilement sur les vérités de la Religion (3).

Nous plaignons, (dit Bossuet, dans le deuxième sermon pour le dimanche de la Passion, sur les causes de haine que nous portons à la vérité), nous plaignons et avec raison tant de peuples infidèles qui ne connaissent pas la vérité ; mais je ne crains point de vous soutenir que nous n'en sommes pas plus avancés pour en avoir la connaissance ; car il est très-indubitable que notre âme n'est illuminée que par la réflexion . nous l'éprouvons tous les jours. Ce n'est pas assez de savoir les choses et de les avoir cachées dans la mémoire ; si

---

(1) *Piété*, *Justice*, *Tempérance*, ces trois mots, dont se sert St. Paul, renferment nos devoirs envers Dieu, envers le prochain, envers nous-mêmes.

(2) Ep. à Tite, ij. v. 11, etc., et St. Matth. xxv. C. 34, 41, 46.

(3) Ces avis et moyens sont tirés d'un excellent ouvrage intitulé le *Manuel du Chrétien* pour le temps des Missions et pour le reste de la vie.

elles ne sont pas présentes à l'esprit, nous n'en demeurons pas moins dans les ténèbres, et cette connaissance ne les dissipe point. Si les vérités de pratique ne sont souvent remuées, souvent amenées à notre vue, elles perdent l'habitude de se présenter, et cessent par conséquent d'éclairer : nous marchons également dans l'obscurité, soit que la lumière disparaisse, soit que nous fermions les yeux. « La lumière même de mes yeux n'est plus avec moi, dit David, » ce n'est pas une lumière étrangère, c'est la lumière de ses yeux qui l'a tout-à-fait abandonné, parce qu'il n'y faisait pas de réflexion, parce qu'il ne sait même pas ce qu'il doit penser, parce que faute de penser à ce qu'il sait, il est dans le même état que s'il ne le savait pas. Le prophète Jérémie a raison de dire « que toute la terre est désolée parce qu'il n'y a per- « sonne qui pense ni qui réfléchisse. »

C'est sur ce fondement que l'on a cru devoir mettre à la suite de l'Abrégé de la Doctrine Chrétienne, ces avis et moyens pour réfléchir utilement sur les vérités de la Religion.

Premier avis. Quand vous voudrez vous appliquer à la lecture, ou à la réflexion, voici la méthode que vous devez suivre.

1°. Faites un peu de préparation. Pour cela mettez-vous en la présence de Dieu, ensuite adorez-le ; faites un acte de contrition de vos péchés, et demandez-lui la grâce de faire cet exercice avec l'attention et le respect que mérite sa présence.

2°. Ayant choisi dans un livre de piété le sujet de votre lecture, lisez-en quelques lignes et arrêtez-vous à y penser, à les bien comprendre, et à en nourrir votre cœur. Faites-vous quelquefois ces demandes à vous-même : *Crois-je cela, en suis-je bien convaincu? Quel effet cettec onviction produit-elle en moi? Ai-je le désir de régler ma vie sur ces vérités? En ai-je la volonté entière et absolue, ou plutôt mon cœur ne chancelle-t-il pas, et ne cherche-t-il pas à étouffer la voix de Dieu? Mais que veux-je donc devenir? Déterminons-nous entièrement: veux-je renoncer à Dieu et à mon salut? Veux-je renoncer à ma perfection?*..... A chacune de ces demandes, arrêtez-vous, écoutez ce que votre cœur répond, et ne quittez point jusqu'à ce que vous le sentiez entièrement déterminé pour le bien. Toutes les fois que vous sentez votre cœur touché de quelque sentiment d'admiration, de crainte, de confusion, de regret, de reconnaissance, d'amour, de confiance, etc.; laissez-vous pénétrer à loisir de ces affections, et ne passez pas outre, tant que vous en sentirez votre cœur touché.

Après cela, ouvrez le livre et lisez encore quelques lignes, vous arrêtant de nouveau comme il vient d'être dit; et continuez de même presque tout le temps que vous voulez donner à la lecture. De cette manière vous lirez peu, mais vous lirez avec un grand profit.

Sur la fin du temps que doit durer votre lecture, prenez quelque résolution particulière et détaillée, conforme à vos besoins et à ce que Dieu vous aura fait connaître: par exemple, *J'éviterai une telle occasion dangereuse; je ne répondrai pas un seul mot, si une telle personne me fâche; je m'appliquerai à une telle pratique de dévotion, etc.* Ou bien affermissez-vous de plus en plus dans les résolutions que vous avez déjà prises. Mais remarquez bien que vos résolutions doivent être généreuses et fortes: il ne faut pas dire : *Je voudrais bien cela, je le ferai tant que je pourrai :* mais il faut dire : *Je le veux absolument, et je le ferai, quoi qu'il m'en coûte.*

3°. Faites la conclusion de cet exercice. Pour cela examinez-vous sur la manière dont vous vous êtes comporté : ensuite remerciez Dieu des grâces qu'il vous y a faites, et demandez-lui pardon des fautes que vous y avez commises ; offrez-lui vos bonnes pensées, vos résolutions, et demandez-lui la grâce de les mettre en pratique : enfin, choisissez ce qui vous aura le plus touché pour vous le rappeler souvent dans le jour.

Second avis. Les gens qui ne savent pas lire, sont privés d'un grand secours : cependant Dieu y supplée abondamment par d'autres moyens, quand ils sont humbles, pleins de bonne volonté et fidèles à ce qu'il leur fait connaître. Voici quelques moyens dont ils peuvent se servir pour s'appliquer inutilement à la réflexion.

1.° Il n'y a personne qui ne puisse entendre les vérités du salut, soit dans les prédications et les instructions publiques, soit dans les exhortations que lui fait un confesseur, soit en faisant lire quelque livre de piété en sa présence par quelqu'un de ses enfans ou par quelque voisin. Il faut donc entendre les vérités de la religion de quelqu'une de ces manières, le plus souvent qu'on peut, et s'appliquer à bien comprendre et à bien retenir ce qu'on entend. Ensuite, quand on veut prendre un temps pour réfléchir, il faut se mettre en la présence de Dieu, se rappeler ce dont on a été le plus touché dans les instructions ou dans les lectures qu'on a entendues, et s'arrêter de temps en temps pour en laisser pénétrer son cœur ; s'interrogeant soi-même, et faisant les autres choses que nous avons expliquées dans l'Avis précédent. De cette manière la mémoire de ce qu'on a entendu tiendra la place de la lecture. Les personnes qui savent lire, doivent se servir souvent de cette mêmes méthode dans le temps des missions, et toutes les fois qu'ils veulent réfléchir dans l'obscurité.

2.° On peut réciter les prières qn'on sait en français, comme *Notre Père*, *Je vous salue*, *Je crois en Dieu*, *l'acte de contrition*, *etc.*, et s'arrêter à chaque parole, la goûtant et la ruminant, la répétant plusieurs fois, et laissant aller son cœur aux sentimens que le Saint-Esprit inspirera : ensuite on prend encore quelques paroles et on s'arrête de même. Il y a de pauvres gens qui passeront les heures entières en s'occupant seulement de ces deux mots, *Notre Père*, et considérant, ou plutôt goûtant le bonheur d'avoir Dieu pour Père ; l'amour et l'obéissance qu'ils doivent à un père si grand et si bon, etc.

3.° On peut se rappeler tout simplement quelque vérité de la religion, et là-dessus produire divers actes de vertu. Par exemple, sur cette vérité, *que la mort décidera irrévocablement de notre éternité*, on produira un acte de Foi, *Mon Dieu, je crois que je ne suis dans cette vie que comme dans un passage pour mériter le ciel, et que la mort décidera de mon éternité bienheureuse ou malheureuse ;* un acte de crainte, *dans quel état la mort me prendra-t-elle ? Hélas ! je tremble dans cette incertitude ;* un acte de haine du péché, *ô péché, il n'y a que toi qui puisses me faire une mauvaise mort : je te déteste ; et je fuirai jusqu'à ton ombre :* un acte de bon propos, *mon Dieu, je veux me tenir toujours prêt à mourir ; je veux passer chaque jour comme si je devais mourir ce jour-là :* un acte de demande*; mon Dieu, accordez-moi la grâce de me préparer à une bonne mort, par une bonne vie*; *et soyez mon refuge et mon défenseur à ce dernier moment, etc.* On peut faire la même chose sur les autres vérités et mystères de la religion ; sur l'enfer, sur la passion de J.-C., etc. En produisant ces divers actes on doit choisir tantôt les uns, tantôt les autres, selon qu'on s'y sent porté. De quelque manière qu'on les fasse, il n'importe pas, il faut s'accoutumer à parler à Dieu simplement et comme on parlerait à son père : mais il faut demeurer long-temps à chacun, l'étendre, le répéter pour le bien goûter, et en laisser pénétrer son cœur.

4.° Mettez-vous devant quelque image dévote, regardez-la de temps en temps avec attention et dévotion, et ensuite nourrissez notre cœur des sentimens qui y naîtront. Le livre des livres, c'est J.C. crucifié. Mettez-vous donc souvent aux pieds d'un crucifix ; faites réflexion à ses douleurs, à sa patience, à son amour pour vous, à la malice du péché qui l'a mis dans cet état, etc. Quelquefois arrêtez-vous à le regarder tendrement, baisez ses plaies, et laisser aller votre cœur à tous les mouvemens que le Saint-Esprit lui imprimera : priez ce divin Sauveur de vous donner la contrition et son saint amour ; prenez la résolution de l'imiter dans sa patience, dans son humilité, etc.

On peut se servir d'une seule de ces pratiques, ou bien en employer plusieurs à la fois sur le mêm

c

sujet, surtout les deux dernières, selon qu'on y trouvera plus de goût et plus de facilité.

Troisième avis. Quand vous vous sentez touché de quelque objet, laissez aller votre cœur à tous les sentimens qui y naîtront. C'est là le principal fruit de la réflexion : ainsi laissez tout le reste pour vous livrer à ces sentimens, et ne les quittez point que votre cœur n'en soit rempli et comme rassasié, quand même tout votre temps se passerait à cela.

Vous sentirez quelquefois que votre cœur s'attache à Dieu et demeure en sa sainte présence, dans un grand calme, et sans aucune pensée, ni aucun mouvement distinct : alors laissez-vous aller à cet attrait, et contentez-vous de goûter Dieu en son silence dans le fond de votre cœur, autant de temps que vous pourrez. Si cet attrait passe, vous vous occuperez à l'ordinaire à faire des réflexions et des actes.

Mais dans quelque état que vous vous trouviez, soit de ferveur, soit de sécheresse, prenez garde de ne pas faire des efforts de tête, ou de poitrine : tenez-vous seulement dans une application douce et modérée.

Quatrième avis. A mesure que Dieu vous fait la grâce de se communiquer à vous, par une certaine onction intérieure, il faut vous rendre plus fidèle et plus délicat à pratiquer tout ce qu'il vous fera connaître qu'il demande de vous ; parce que l'esprit de Dieu veut qu'on soit fort docile à ses mouvemens ; sans cela il se retire et nous laisse vides et secs. Que les personnes qui ne savent pas lire, et même les plus grossières, se rendent bien fidèles à éviter tout ce qui offense Dieu, et à se retirer de la dissipation, des amusemens inutiles, du trop grand souci des affaires, pour se mettre souvent aux pieds du Seigneur : elles éprouveront que le Saint-Esprit sera leur maître, et leur enseignera lui-même à s'occuper comme il faut dans la réflexion.

Cinquième avis. Lorsqu'on a son esprit rempli de distraction, ou qu'on ne trouve aucun goût dans ce qu'on lit, et qu'on ne sent aucun bon mouvement, il ne faut pas pour cela quitter la lecture et la réflexion ; car ce serait céder à la tentation, et le démon ne demanderait pas mieux ; mais il faut examiner si l'on s'est attiré cet état par des fautes et des résistances à Dieu. Si cela est, il faut se jeter aux pieds du Seigneur avec humilité, lui demander pardon de la faute qu'on a faite, et lui promettre bien sincèrement de ne plus lui résister. Quand on ne trouve rien dans son cœur qui résiste à Dieu, il faut s'humilier pour les fautes cachées : après quoi, si on n'a que des distractions, il faut ramener doucement son esprit toutes les fois qu'on y prend garde, sans se faire une peine de leur importunité. Quand, outre les distractions, on se trouve dans des ennuis, des dégoûts, des sécheresses, il faut les souffrir en esprit de pénitence, dans la pensée que la patience et l'humilité sont ce que Dieu demande en cet état. Qu'on se tienne donc doucement en la présence de Dieu, avec paix, acquiescement à son bon plaisir, et abandon entre ses mains, sans faire d'autres actes, ni des efforts pour sortir de cet état. Plus on manque de douceur et de consolation dans cet exercice, plus on doit s'attacher à en avoir le véritable fruit, c'est-à-dire, la fidélité à Dieu pendant la journée.

PARAPHRASES MORALES

SUR LES PSAUMES XXII, XXIII, XIII et IX, PAR MASSILLON.

PSAUME XXII.

Actions de grâces qu'une âme revenue depuis long-temps des égaremens du monde, rend à Dieu pour le bienfait inestimable qui l'a appelée à la connaissance de la vérité.

℣. 1. *Dominus regit me, et nihil mihi deerit: in loco pascuæ ibi me collocavit.*	℣. 1. C'est le Seigneur qui me conduit; rien ne pourra me manquer: il m'a placé dans d'excellens pâturages.
℣. 2 *Super aquam refectionis educavit me: animam meam convertit.*	℣. 2. Il m'a élevé auprès d'une eau fortifiante, et il a fait revenir mon âme.
℣. 3. *Deduxit me super semitas justitiæ propter nomen suum.*	℣. 3. Il m'a conduit par les sentiers de la justice pour la gloire de son nom.
℣. 4. *Nam et si ambulavero in medio umbræ mortis, non timebo mala, quoniam tu mecum es.*	℣. 4. Car quand même je marcherais au milieu de l'ombre de la mort, je ne craindrais aucuns maux, parce que vous êtes avec moi.
℣. 5. *Virga tua et baculus tuus ipsa me consolata sunt.*	℣. 5. Votre verge et votre bâton ont été le sujet d'une grande consolation pour moi.
℣. 6. *Parasti in conspectu meo mensam adversùs eos qui tribulant me.*	℣. 6. Vous avez préparé une table devant moi contre ceux qui me persécutent.
℣. 7. *Impinguasti in oleo caput meum; et calix meus inebrians quàm præclarus est!*	℣. 7. Vous avez oint ma tête d'une huile de parfum: que mon calice qui a la force d'enivrer, est admirable!
℣. 8. *Et misericordia tua subsequetur me omnibus diebus vitæ meæ.*	℣. 8. Et votre miséricorde me suivra dans tous les jours de ma vie.
℣. 9. *Et ut inhabitem in domo Domini in longitudinem dierum.*	℣. 9. Afin que j'habite très-long temps dans la maison du Seigneur.

1. Vous êtes, ô mon Dieu, le seul Père et le véritable Pasteur de nos âmes. J'avais été long-temps une brebis égarée : je n'entendais point votre voix, quoique vous ne cessassiez point de me parler au fond du cœur : le monde parlait plus haut que vous ; il parlait à mes sens, et je n'avais des oreilles que pour lui ; il me fascinait les yeux, et me faisait voir vos pâturages et les devoirs de votre loi, comme des pâturages tristes, arides, oouverts de ronces et d'épines ; il me montrait les siens au contraire comme des lieux semés de fleurs, et où les plaisirs naissent sous nos pas. Cependant, ô mon divin Pasteur, j'y errais dans l'aridité, et dans la disette : sous ces fleurs trompeuses je trouvais à chaque pas le serpent qui faisait sur moi des morsures cruelles ; les plaisirs qui s'offraient, allumaient ma soif pour de nouveaux plaisirs, loin de l'éteindre ; les passions qu'il faisait naître successivement dans mon cœur, étaient autant de tyrans qui le déchiraient tour-à-tour. Je ne me lassais point de chercher ce que je croyais devoir le satisfaire et soulager son inquiétude : et quand je me flattais de l'avoir trouvé, je sentais un moment après ma méprise : je changeais d'objet, et ma tristesse secrette ne changeait point, et rien ne remplissait le vuide de mon cœur. Mais, ô mon Pasteur adorable, depuis que j'ai quitté ces pâturages tristes et empestés, et que je suis revenu dans votre bercail, que ma destinée est différente ! tranquille sous votre conduite, libre de ces soucis et de ces agitations, qui suivent les passions criminelles, il me semble que mon cœur est à sa place, qu'il ne lui manque plus rien, et qu'il n'a

plus d'autre désir que celui de vous suivre et de vous servir avec plus d'amour et de fidélité. Que de délices, que de consolations abondantes, ô bon et tendre Pasteur, ne trouve-t-on pas dans vos pâturages, et dans les voies où vous conduisez vos brebis ! Ce ne sont pas là de ces plaisirs que l'usage empoisonne et rend insipides : plus on les goûte, plus on les trouve délicieux ; plus on vous suit, plus le goût de vous suivre augmente. Le monde promet des plaisirs, et il ne donne que des croix et des chagrins : vous, Seigneur, vous ne nous annoncez que des croix, et ces croix sont la source de mille consolations ineffables.

2. Le monde, ô mon Dieu, me conduisait sur le bord des eaux empoisonnées, pour désaltérer ma soif criminelle des plaisirs ; mais plus j'en buvais, plus ma soif devenait ardente. C'étaient des charbons brûlans que je mettais sur mon cœur ; et plus je cherchais à me rafraîchir, plus je me trouvais embrasée. Mais l'eau dont vous m'avez désaltérée, ô mon Dieu, est cette eau qui rejaillit jusqu'à la vie éternelle : on n'a plus la soif du monde et des plaisirs quand une fois on en a bu. Une seule goutte de cette eau céleste rafraîchit, soulage plus le cœur, que tous les fleuves de Babylone : c'est une eau claire et paisible qui n'entraîne avec elle ni boue ni tristes débris ; au lieu que l'eau de Babylone n'est qu'un limon puant ; et semblable à un torrent furieux, elle entraîne dans le gouffre tous ceux qui se courbent pour en boire, et n'est fameuse que par les cadavres et les débris lugubres des fortunes qu'elle traîne toujours après elle. O mon Dieu, vous m'avez sauvée de ce naufrage ; vous m'avez

tendu la main pour me retirer du milieu de ces eaux, sur le point qu'elles étaient de m'engloutir; et mon âme n'a bien connu le danger qui la menaçait, qu'après que votre miséricorde l'en a eu délivrée.

5. Souffrez, ô mon Dieu, que je rappelle ici en votre présence toutes vos miséricordes sur mon âme. Ce n'a pas été assez pour vous de me retirer du gouffre, lorsque j'allais enfoncer: souvent en sortant des périls du monde, on tombe dans de nouveaux périls: on s'éloigne de ses voies; mais on n'entre pas comme il faut dans les vôtres: on s'égare dans le chemin même de la vertu; et on veut aller à vous par des sentiers qui ne sont pas ceux par où vous nous vouliez conduire. Et voilà, ô mon Dieu, un nouveau bienfait dont mon âme vous est redevable: vous m'avez appris que les devoirs de mon état étaient la seule voie de mon salut; qu'en les remplissant avec fidélité, on accomplissait toute justice; que les œuvres les plus saintes, incompatibles avec ces devoirs, étaient les œuvres de l'homme, et non de la grâce; que c'était une illusion de préférer ce qu'un faux zèle nous inspire, à ce que vous demandez de nous; et que votre ordre est clairement marqué dans les devoirs de notre état, au lieu que dans toutes les pratiques prétendues de piété qui nous en éloignent, nous n'y voyons de clair et de sûr que notre volonté propre. Vous me l'avez appris, ô mon Dieu, par une miséricorde bien gratuite: je ne vous offrais alors que de faibles commencements de bien, et une vie dont mes larmes ne pourront jamais effacer les souillures: mais vos dons ne vont jamais seuls; vous donnez

encore à ceux à qui vous avez commencé de donner. C'est pour la gloire de votre nom, ô mon Dieu, que vous êtes si riche en miséricordes : vous ne voulez pas que ceux qui se disent vos serviteurs, le déshonorent par des singularités, et les abus d'une piété mal entendue. Le monde, mon Dieu, est assez disposé à décrier la vertu, sans que ceux qui en font profession publique lui fournissent par un zèle bizarre et à contre-temps, de nouvelles censures contre elle.

4. Après tous les dangers dont vous m'avez sauvée, ô divin Pasteur de mon âme, que pourrais-je craindre tant que je marcherai dans vos voies? Quand même vous m'y laisseriez dans ces états de dégoût, d'aridité, de tenèbres qu'éprouvent quelquefois les âmes les plus fidèles, votre main même qui me frapperait, me rassurerait : je sentirais que c'est vous, ô mon Dieu, qui créez quand il vous plaît, la lumière et les ténèbres; vous qui vous montrez à une âme avec tout ce que votre présence a de consolant, ou qui vous cachez à ses yeux dans un nuage pour éprouver sa foi; je vous sentirais toujours au-devant de moi, grand Dieu, opérant ces consolations ou ces peines, et ma confiance serait toujours égale; et ces ténèbres où vous me laisseriez, qui semble annoncer à une âme votre abandon, et les ombres de la mort et du péché, me privant de vos consolations, n'ébranleraient pas ma fidélité, parce que je saurais que vous êtes toujours avec moi.

5. Je sais, ô mon Pasteur adorable, que dans vos pâturages mêmes le loup entre souvent pour y chercher sa proie; mais votre houlette seule suffit

pour nous défendre, et le mettre en fuite : il n'est à craindre que pour les brebis imprudentes qui s'écartent du troupeau, et qui vont errer dans des voies que vous ne leur avez pas marquées. Je sais, grand Dieu, qu'on éprouve des lassitudes et des défaillances en marchant dans les sentiers de vos commandemens, mais vous ne laissez pas périr les brebis que le Père vous a données : une force secrette les soutient et les console ; vous les mettez même sur vos épaules, quand elles paraissent sur le point de succomber, et hors d'état de continuer leur route. Ce n'est pas vous, ô mon Dieu, qui leur manquez ; tous vos secours sont pour elles : c'est leur infidélité seule qui les éloigne, ces secours, ou qui les rend inutiles : je l'ai éprouvé mille fois ; mes langueurs et mes lassitudes dans votre service ont toujours pris leur source dans mon peu de fidélité : à mesure que j'ai cherché plus de consolations du côté des sens, de l'orgueil ou de l'amour-propre, vous m'avez soustrait celles de la grâce ; dès que j'ai voulu m'adoucir votre joug, vous me l'avez rendu plus pesant. Non, ce ne sont pas vos voies, ô mon Dieu, qui sont dures et pénibles ; c'est nous seuls qui y portons avec nous les épines et les dégoûts : tout y console un cœur fidèle, tout y rebute un cœur tiède et sensuel.

6. Le monde, ô Père miséricordieux, est une terre maudite, féconde en chagrins, mais qui ne fournit point de ressources : ses plaisirs, ou usés, ou hors de saison, ne consolent pas les pertes et les afflictions d'un mondain qui porte la douleur et l'amertume dans le cœur ; tout ce qui ne parle qu'aux sens, ne porte aucun remède dans l'âme où résident

tous les maux et toutes les inquiétudes du pécheur: environné de consolations extérieures, il sent qu'elles ne passent pas la surface, et que l'aiguillon reste toujours au-dedans de lui; aussi le monde est un maître ingrat et trompeur qui rit de nos maux, et qui en faisant semblant de les soulager, ne cherche encore qu'à les aggraver et à nous séduire. Mais pour vous, ô mon Dieu, vous avez pourvu avec une bonté de père à toutes les infirmités de vos enfans; votre table sainte est toujours ouverte, et toujours prête à les recevoir : vous vous y donnez vous-même à eux; et dans cette nourriture divine ils trouvent un remède assuré à toutes les faiblesses, et une consolation réelle contre toutes les tribulations que le monde leur suscite. En descendant vous-même dans leur cœur, sous les enveloppes des bénédictions mystiques, vous y portez la source intarrisable de la paix et de la joie : vous en réparez les ruines légères; vous en fortifiez ce qui commençait à s'affaiblir; et ils marchent avec un nouveau courage vers les montagnes éternelles dans la force de cette viande céleste. Que les âmes mondaines sont à plaindre, ô mon Dieu, de se priver d'un si puissant secours, de faire si peu d'usage de vos bienfaits, de ne venir à votre table, que lorsque la loi de votre Eglise les y contraint, et de regarder la participation à la plus grande et la plus singulière de toutes vos grâces, comme un devoir onéreux et pénible !

7. Oui, Seigneur, c'est dans ce festin d'amour que vous répandez avec effusion dans nos âmes des consolations ineffables, et que votre calice les enivre d'une joie toute divine. Les parfums de l'Egypte

amollissent le cœur en fortifiant le corps; ils préservent nos cadavres d'une corruption passagère, et leur assurent une longue durée dans la triste demeure du tombeau : mais l'huile du parfum précieux que vous versez dans nos âmes avec les saints mystères, les purifie, les embellit, les rend plus vigoureuses et plus fortes dans la pratique de vos commandemens, met en elles un germe d'immortalité, qui non-seulement les garantit d'une corruption passagère, mais qui leur assure au sortir de leur maison de boue, une éternelle durée dans votre sein. Que vos enfans rebelles, ô divin Père de famille, trouvent votre table dégoûtante, et votre calice amer; je n'en suis pas étonnée; ils n'y portent qu'un goût dépravé, et infecté par l'amour des objets sensibles et terrestres. Comment pourraient-ils éprouver la sainte ivresse de ce vin délicieux qui enfante les Vierges : eux qui le reçoivent ivres encore, et comme abrutis par l'usage continuel qu'ils font du calice des prostitutions de Babylone? Il n'est que les cœurs purifiés par la grâce et vides de l'amour du monde, qui puissent goûter tout ce que votre calice a de doux et de consolant : eux seuls en sortent enivrés d'un plaisir si céleste, si vif et si touchant, que tout le reste leur devient fade et insipide; ils ne s'en éloignent qu'à regret, et regardent comme la plus douloureuse de toutes leurs peines, de n'être pas quelquefois trouvés dignes d'être admis à la table de vos enfans, et d'être privés pour peu de temps de cette nourriture divine.

8. Pour moi, ô mon Dieu, j'espère que votre miséricorde ne permettra pas que je vive jamais privée de cette manne adorable, et de la plus grande

consolation que vous nous ayez laissée dans cet exil : s'il m'arrive de m'en éloigner quelquefois, ce sera par un respect d'amour pour vous ; ce sera pour me punir d'y avoir porté trop souvent les mêmes faiblesses qui vous déplaisent, et de ne m'y être pas présenté avec toute la foi et toute la ferveur que vous demandez de moi ; et d'être venu sans vous vouloir sacrifier mille attachemens légers et humains, participer à un mystère, où vous semblez sacrifier sous de viles apparences votre gloire et votre majesté, et qui nous renouvelle le grand sacrifice que vous avez consommé pour nous sur la croix. Mais je ne soutiendrai pas long-temps, ô mon Dieu, ces privations douloureuses : je laverai mes pieds ; je purifierai mon cœur, aidé de votre grâce, pour être trouvé moins indigne de paraître devant vous ; et ce pain de tous les jours sera, ou mon unique désir, ou ma plus consolante nourriture, tout le reste de ma vie.

9. Voilà, grand Dieu, ma plus douce espérance pendant les jours de mon pélerinage, et dans cette terre étrangère, où vous ne vous communiquez à nous que sous un voile qui vous cache : voilà, ô mon Dieu, ce qui me fera attendre avec moins de tristesse le moment que vous avez marqué pour nous ouvrir enfin les portes éternelles du temple céleste, de cette maison paternelle d'où nous sommes sortis, où nous vous verrons à découvert, où vous avez préparé différentes demeures et différens degrés de bonheur, pour ne pas ôter toute espérance aux faibles et aux imparfaits ; et où une fois admis, nous y habiterons pendant toute la durée des jours de l'éternité.

PSAUME XXIII.

Prière d'une ame chrétienne aux pieds des Autels, qui admire et remercie la bonté de Dieu, d'avoir choisi sa demeure et renfermé sa gloire et sa majesté dans un temple matériel; qui se représente les dispositions qu'exige la présence d'un Dieu si grand et si terrible de ceux qui viennent y paraître devant lui, et qui gémit des irrévérences et des scandales qui profanent tous les jours ce temple saint.

℣. 1. *Domini est terra, et plenitudo ejus; orbis terrarum, et universi qui habitant in eo:*	℣. 1. La terre et tout ce qu'elle renferme est au Seigneur; toute la terre habitable, et tous ceux qui l'habitent sont à lui.
℣. 2. *Quia ipse super maria fundavit eum, et super flumina præparavit eum.*	℣. 2. Parce que c'est lui qui l'a fondée au-dessus des mers, et établie au-dessus des fleuves.
℣. 3. *Quis ascendet in montem Domini? aut quis stabit in loco sancto ejus.*	℣. 3. Qui est-ce qui montera sur la montagne du Seigneur? ou qui s'arrêtera dans son lieu saint?
℣. 4. *Innocens manibus et mundo corde qui non accepit in vano animam suam, nec juravit in dolo proximo suo.*	℣. 4. Celui dont les mains sont innocentes et le cœur pur, qui n'a pas reçu son âme en vain, ni fait un serment faux et trompeur à son prochain.
℣. 5. *Hic accipiet benedictionem à Domino, et misericordiam à Deo salutari suo.*	℣. 5. C'est celui-là qui recevra du Seigneur la bénédiction, et qui obtiendra la miséricorde du Dieu son Sauveur.
℣. 6. *Hæc est generatio quærentium faciem Dei Jacob.*	℣. 6. Telle est la race de ceux qui cherchent à voir la face du Dieu de Jacob.
℣. 7 et 8. *Attollite portas principes, vestras: et elevamini, portæ æternales, et introibit rex gloriæ. Quis est iste rex gloriæ? Dominus fortis et potens.*	℣. 7 et 8. Levez vos portes, princes; et vous, portes éternelles, levez-vous, et vous ouvrez, pour laisser entrer le Roi de gloire. Qui est ce Roi de gloire? le Seigneur qui est vraiment fort et puissant.

1 et 2. GRAND Dieu, la terre entière est l'ouvrage de vos mains, et n'appartient qu'à vous seul; c'est le temple que vous remplissez de votre immensité: vous y donnez l'accroissement aux plantes; vous y nourrissez les oiseaux du ciel, les poissons qui nagent dans les mers, et les animaux qui rampent sur la terre: vous y multipliez la race des hommes, et vous soufflez sans cesse en eux, comme au commencement, cet esprit de vie qui anime leur boue; vous êtes l'âme de tout ce qui respire dans l'univers. N'était-ce pas assez aux hommes, pour y sentir partout votre présence, et vous y rendre partout le culte et les hommages dus à votre grandeur et à votre empire souverain sur cet univers, et sur tout ce qu'il renferme? Cependant comme cette variété d'objets qui concouraient tous à nous rendre votre présence ici bas plus sensible, n'avaient réussi qu'à nous en distraire et nous la faire oublier; comme vos ouvrages qui ne se soutiennent que par la même main qui les a formés, nous faisaient perdre de vue l'ouvrier tout-puissant: vous avez souffert, vous, ô mon Dieu, qui êtes présent partout, que l'on vous consacrât des lieux que vous avez promis d'honorer d'une présence spéciale: les Patriarches vous élevèrent des autels; la montagne de Sion devint ensuite le temple seul, où il était permis de vous offrir des victimes et la fumée des encensemens: vous ne vous y montriez pas vous-même; c'était votre Ange qui y descendait enveloppé d'une nuée: enfin depuis que votre Fils s'est montré lui-même sur la terre, il vous a formé partout des adorateurs en esprit et en vérité; et partout on a élevé des temples, où votre Verbe fait chair est enco-

avec nous, et y sera jusqu'à la consommation des siècles.

3. Mais, ô mon Dieu, si nos temples sont ce ciel nouveau, où toute votre gloire et toute la terreur de votre majesté résident; si ce n'est plus un Ange que la nuée mystérieuse y cache, mais votre Fils lui-même, mais un Dieu fait chair, caché sous les bénédictions mystiques : si les Anges eux-mêmes l'y adorent sans cesse, et saisis d'une sainte terreur, se couvrent de leurs ailes et peuvent à peine y soutenir l'éclat de sa majesté; qui pourra se flatter, grand Dieu, d'être digne de monter dans ce lieu saint, et d'y venir paraître en votre présence? Vous exigeâtes autrefois de votre peuple tant de jeûnes, de purifications, de précautions, afin qu'il lui fût permis de camper à une certaine distance seulement du pied de la montagne, sur laquelle vous vous communiquiez à votre serviteur Moyse; que ne devez-vous pas exiger, ô mon Dieu, du nouveau peuple à qui vous permettez de monter tous les jours sur la montagne sainte, de vous y voir, et de communiquer avec vous? Vous n'environnez plus ce lieu terrible d'éclairs et de foudres, pour en défendre l'approche à un peuple consterné; vous n'y mettez plus d'autres barrières que celles de notre amour et de notre foi : mais plus votre bonté semble oublier en notre faveur ces précautions formidables, qui rendaient autrefois votre présence inaccessible; plus votre indignation s'allume contre ceux qui s'en prévalent, pour paraître devant vous, ô mon Dieu, dans une situation et avec des souillures qui vous déshonorent.

Que faudrait-il donc, grand Dieu, pour ne pas

blesser la sainteté de vos regards, quand on vient s'assembler dans votre temple? il faudrait y porter des mains innocentes, pour être en droit de les lever vers vous, et un cœur pur dont vous puissiez recevoir les hommages; et cependant, ô mon Dieu, que de mains souillées de crimes et de rapines viennent y embrasser votre autel saint, et vous présenter des dons et des offrandes! Que de mains teintes encore par des désirs de haine et de vengeance, du sang de leurs frères, voyez-vous levées devant le sang adorable de l'Agneau, qui a réconcilié le monde et éteint toutes les inimitiés! Que de cœurs livrés aux passions les plus honteuses, loin de venir les déplorer devant vous au milieu de l'assemblée sainte, viennent y chercher les objets infortunés qui les allument! Combien de cœurs dissipés par les sollicitudes ou les plaisirs du siècle, y viennent à vos pieds sans penser même au Dieu qui les regarde, sans former un seul mouvement intérieur qui soit pour vous; et ne semblent choisir votre présence, que pour livrer plus à loisir leur esprit à toutes les images frivoles, dont ils ne peuvent se désoccuper? Combien de cœurs appesantis et insensibles, loin de sentir réveiller leur foi à la vue des merveilles que votre amour pour les hommes opère sur nos autels, et de s'unir aux cantiques et aux actions de grâces de votre Eglise, n'y sentent que le dégoût de vos louanges chantées par des Ministres saints, et l'ennui des momens qu'ils sont obligés de donner à un devoir si consolant et si honorable pour l'homme? Que faudrait-il encore, grand Dieu, pour être digne de paraître dans ce lieu saint? il faudrait sentir tout le prix de son âme, la regarder comme un dépôt sacré qui vous appartient, et que vous nous redemanderez un jour; y venir chercher les secours qui vous la conservent et les remèdes qui la purifient; et y être plus occupé de ses besoins secrets, et des ornemens intérieurs qui la rendent agréable à vos yeux, que des vaines parures qui ne font qu'embellir un corps dont les vers vont faire au premier jour un spectacle hideux d'infection et de pourriture dans le tombeau. Et cependant, ô mon Dieu, cette âme immortelle et destinée à vivre éternellement avec vous, est la seule chose dont la plupart de ceux qui viennent dans le temple saint, ne sont point occupés : il semble que c'est en vain qu'ils l'ont reçue, et qu'elle ne mérite pas la plus légère attention : tous leurs soins se bornent à parer un corps périssable, à s'attirer des regards qui ne devraient être que pour vous : et à inspirer peut-être des passions criminelles, et irriter votre colère, dans le temps même que votre Fils verse de nouveau son sang sur l'autel pour l'apaiser, et vous réconcilier encore avec les hommes. Enfin, ô mon Dieu, la fraude, la mauvaise foi, l'injustice, devraient être bannies de ce lieu saint, tandis que vous y répandez avec tant de profusion tous les trésors de votre grâce sur nous. Un Chrétien qui refuse ses largesses aux besoins de ses frères, ou qui usurpe et retient injustement leur bien, ose-t-il se montrer devant des autels qui leur rappellent de toute part la profusion de vos bienfaits sur les hommes, tandis que vous y confirmez vos promesses et votre alliance par le sang de votre Fils qui coule sur l'autel? Celui qui jure frauduleusement à son prochain, et qui ne craint point de violer la sainteté de son serment et de ses promesses, qui fait servir à tromper ses frères, le lien le plus sacré et le plus inviolable de la société, et qui devrait être proscrit de l'assemblée même des hommes; aurait-il la témérité de venir se mêler avec les Anges dans nos temples, et y converser avec vous? Non, Seigneur, les immondes, les ravisseurs, les adorateurs du monde et de ses idoles, les idolâtres de leur propre corps, ne sont pas dignes de se présenter dans le temple saint, à moins qu'ils n'y viennent former des désirs de pénitence, et vous demander d'accorder à ces faibles commencemens de repentir, la grâce d'une conversion parfaite. Ils entrent alors dans le droit de ceux qui ont les mains innocentes, le cœur pur, qui font de la sanctification de leur âme leur soin principal et leur affaire la plus importante, et dont la droiture et la simplicité peut à la vérité être surprise par les ruses et la mauvaise foi des méchans, mais qui ignorent eux-mêmes l'art infâme d'user de ces indignes artifices.

4. Voila, grand Dieu, les âmes que votre majesté terrible ne dédaigne pas de souffrir en sa présence dans le lieu saint : vous les y regardez même avec des yeux de complaisance; vous y versez sur elles vos bénédictions les plus abondantes; vous les faites entrer dans la participation de toutes les grâces opérées par les mystères qui se consomment sur vos autels : elles n'en sortent jamais que comblées de quelque nouvelle faveur de votre part, c'est-à-dire, plus ferventes dans l'amour de votre loi, plus affermies contre les séductions du siècle; plus intrépides lorsqu'il s'agit de soutenir les inté-

rêts de la vérité, et la gloire de votre nom, aux dépens de la leur propre : et s'il leur arrive de vous avoir déplu, en n'ayant pas marché dans vos voies avec assez de fidélité, c'est là, ô mon Dieu, que vous vous réconciliez avec elles ; que leurs prières unies à celles de l'Église, vous apaisent, vous font oublier leur infidélité, et que le sang de votre Fils leur Sauveur leur obtient la miséricorde que vous ne refusez jamais aux âmes touchées de repentir, et qui vous la demandent en son nom.

5. Multipliez, grand Dieu, la race de ces âmes fidèles, qui ne viennent dans votre temple saint que pour vous y chercher, vous y adorer, et jouir des douceurs de votre divine présence. C'est pour elles seules, grand Dieu, que vous descendez sur l'autel, et que vous daignez habiter au milieu de nous ; ce n'est pas pour ces âmes irréligieuses et mondaines, qui n'y viennent, ce semble, que pour vous insulter par des irrévérences et des situations indécentes, qu'elles n'oseraient se permettre dans des lieux profanes ; qui ne viennent pas y chercher la face du Dieu de Jacob, mais la face des idoles impures, auxquelles elles prostituent leur cœur et leurs hommages ; et qui se dispensent devant la majesté d'un Dieu terrible, et au milieu de tous les objets les plus respectables de la religion, des bienséances même, et d'une certaine apparence de retenue, dont elles n'oseraient se dispenser devant des personnes graves, et au milieu des assemblées publiques du siècle.

6 et 7. Oh ! si elles pouvaient voir, ces âmes irréligieuses que la foi n'éclaire point, lorsque le Ministre par la vertu des paroles mystiques et par l'in-

vocation du saint Esprit, attire sur nos autels le Saint des Saints : si elles pouvaient voir les portes du Sanctuaire éternel s'ouvrir, le Roi de gloire qui descend accompagné et entouré de la multitude des esprits célestes; ces esprits si purs et si saints, qui pénétrés de crainte et de respect, s'inclinent profondément en sa présence, et éblouis de la majesté et de l'éclat qui l'environne, couvrent leurs faces, ne se croyant pas dignes d'arrêter leurs regards sur sa personne divine. Et vous, cendre et poussière, qui avez même déshonoré la boue dont vous avez été formée par des souillures de toute espèce; vous qui n'êtes pour les yeux du Seigneur, à cause des crimes dont votre âme est infectée, qu'un objet de haine et d'horreur; vous qui devriez regarder comme une faveur singulière la liberté que vous avez d'entrer dans nos temples, et qui dans des siècles plus heureux, en eussiez été chassés ignominieusement comme des profanes, si vous aviez voulu seulement y paraître; vous que le sentiment de votre indignité devrait faire pâlir et frissonner de tous vos membres, à l'approche de ce sanctuaire respectable, qui renferme le Saint des Saints et le Roi de gloire, vous osez le braver jusqu'au pied de ses autels. Eh ! ne savez-vous pas que ce Roi de gloire que vous osez outrager, est en même temps le Seigneur vraiment fort et puissant et ne devez-vous pas craindre qu'il ne renouvelle pour vous punir, les prodiges qu'il opéra dans le désert, pour venger des outrages moins criminels que les vôtres; que la terre ne s'entrouvre sous vos pieds pour vous engloutir tout vivans dans les enfers, ou qu'il ne parte du fond du sanctuaire des foudres et des éclairs, pour mettre en poudre des téméraires à qui la présence et la majesté du Dieu tout-puissant ne peuvent en imposer?

PSAUME XIII.

Prière d'une ame qui s'afflige devant Dieu, sur l'esprit d'incrédulité et d'irréligion, si répandu aujourd'hui dans le monde.

℣. 1. *Dixit insipiens in corde suo : Non est Deus.*

℣. 1. Les insensés ont dit dans leur cœur : Il n'y a point de Dieu.

℣. 2. *Corrupti sunt et abominabiles facti sunt in studiis suis; non est qui faciat bonum, non est usque ad unum.*

℣. 2. C'est qu'ils sont esclaves des plus infâmes et des plus abominables désirs, et qu'il n'en est pas un seul qui fasse le bien.

℣. 3 et 4. *Dominus de cœlo prospexit super filios hominum, ut videat si est intelligens aut requirens Deum. Omnes declinaverunt, simul inutiles facti sunt : non est qui faciat bonum, non est usque ad unum.*

℣. 3 et 4. Le Seigneur, du haut du ciel, a regardé ces criminels enfans des hommes pour voir si quelqu'un d'eux n'ouvrait pas enfin les yeux, et ne se mettait pas en devoir de retourner à lui. Mais non, ils s'éloignent jours de plus en plus du sentier de la justice : ils ne sont plus bons à rien : il n'en est pas un seul dont on puisse attendre autre chose que des fruits d'iniquité.

℣. 5. *Sepulcrum patens est guttur eorum, linguis suis dolosè agebant; venenum aspidum sub labiis eorum.*

℣. 5. Leur bouche, comme l'ouverture d'un sépulcre, fait bientôt apercevoir la corruption de leur cœur; leur langue est dévouée au mensonge : ils cachent sous leurs paroles le poison le plus subtil.

℣. 6. *Quorum os maledictione et amaritudine plenum est, veloces pedes eorum ad effundendum sanguinem.*

℣. 6. Leurs discours ne sont que malédictions, que railleries amères; on les voit courir avec ardeur au meurtre de l'innocent.

℣. 7. *Contritio et infelicitas in viis eorum, et viam pacis non cognoverunt; non est timor Dei ante oculos eorum.*

℣. 7. Ils portent partout l'affliction et le trouble; ils n'ont point connu la voie de la paix; et cela parce qu'ils ne craignent pas les jugemens de Dieu.

℣. 8. *Nonne cognoscent omnes qui operantur iniquitatem, qui devorant plebem meam sicut escam panis?*

℣. 8. Ne verrai-je jamais, dit le Seigneur, rentrer en eux-mêmes ces endurcis à qui le crime ne coûte plus rien, et qui oppriment mon peuple, comme ils mangeraient un morceau de pain?

℣. 9. *Dominum non invocaverunt, illic trepidaverunt timore ubi non erat timor.*

℣. 9. Ces aveugles n'invoquent pas le nom du Seigneur, mais ils sentiront un jour les effets de de sa puissance, lorsque pressés de leurs ennemis, ils trembleront dans les lieux mêmes qui devraient leur inspirer plus de sécurité.

℣. 10. *Quoniam Dominus in generatione justa est: consilium inopis confudistis; quoniam Dominus spes ejus est.*

℣. 10. Car le Seigneur n'abandonne pas les Justes. Insensés! lorsque vous avez vu le Juste, vous vous êtes moqués de ce qu'il espérait au Seigneur.

℣. 11. *Quis dabit ex Sion salutare Israel? cùm converterit Dominus captivitatem plebis suæ, exultabit Jacob et lætabitur Israel.*

℣. 11. Vous avez dit en insultant : Qui viendra de Sion porter du secours à Israël? mais laissez venir le terme que Dieu a prescrit à votre injuste domination; c'est alors que Jacob sera dans l'allégresse, qu'Israël verra succéder la joie à ses larmes.

1. L'IMPIÉTÉ, ô mon Dieu, commence toujours par le cœur. Dès que l'homme s'est livré aux passions les plus honteuses, et qu'il les a poussées jusqu'aux excès les plus énormes, il cherche à se les justifier à lui-même, en se disant en secret, que vous n'êtes point, vous, grand Dieu, par qui tout existe. Ce n'est pas dans sa raison, que ses doutes sur votre Etre adorable naissent; vous y avez mis un rayon de lumière qui vous montre partout à l'homme, et qui lui fait porter partout avec lui le témoignage intime et ineffaçable de la divinité: c'est dans la dépravation de son cœur: il désire que vous ne soyez point: il s'efforce de se le persuader, il se fait même un honneur affreux d'en paraître convaincu; il insulte avec dédain à la crédulité de ceux qui sont effrayés de ses blasphèmes. Mais c'est un imposteur: sa bouche toute seule vous renonce, et publie que vous n'êtes rien; tandis que sa raison vous reconnaît, et malgré lui vous rend hommage. Se peut-il, ô mon Dieu, que l'homme soit capable de tomber dans cet abîme d'extravagance, Il voudrait anéantir l'idée de votre être dans l'esprit des autres hommes; et il ne peut effacer celle qu'il porte au-dedans de lui-même. Il prêche l'impiété; et il ne peut réussir à devenir lui-même totalement impie. Il s'érige en docteur de l'athéisme; et il n'en est pas encore un disciple bien affermi. Aussi, grand Dieu, il ne peut soutenir long-temps ce contraste où éclatent également l'extravagance et l'impiété. Il est effrayé de se révolter tout seul contre tout le genre humain, et de se trouver seul dans l'univers qui ne veuille et ne reconnaisse point de Dieu. Il parle le langage de tout le reste des

hommes; il confesse que vous êtes; mais en vous laissant votre être, il en ôte tout ce qui vous rend souverainement sage, juste et adorable; il se fait un Dieu de sa façon. Il vous dispute la gloire d'avoir tiré le monde du néant, et le soin de le gouverner. Il vous laisse comme une idole oisive sur le trône de votre Majesté, ne prenant aucune part à ce qui se passe dans l'univers, et abandonnant au hasard et au concours fortuit des causes secondes, les destinées des hommes. Il se persuade que vous ne leur avez jamais parlé, ni par vous-même, ni par vos Prophètes, ni dans les derniers temps par la bouche de votre Fils Il regarde toutes les religions, comme le fruit des préjugés et de la superstition des peuples. L'histoire même des merveilles que vous avez opérées en faveur de l'ancien peuple, pour y conserver la connaissance de votre nom, ne lui paraît qu'un récit fabuleux, inventé pour flatter la vanité, et amuser la crédulité d'une nation grossière et superstitieuse. L'établissement même de votre Evangile, grand Dieu, les prodiges qui ont éclaté à la face de tout l'univers, les travaux des hommes apostoliques, et de tant de Martyrs, qui ont purgé le monde de l'idolâtrie, et répandu partout la sainteté et la sagesse de votre doctrine; tant d'événemens merveilleux où votre puissance se manifeste d'une manière si visible, ne sont selon lui, que le projet insensé d'un petit nombre d'hommes, ou crédules, ou imposteurs.

Des hommes crédules ou imposteurs, grand Dieu! qui cependant ont eu la force d'imposer silence à tout ce qu'il y avait de plus sage et de plus éclairé sur la terre; de changer la face de l'univers, de rendre témoignage par les tourmens les plus affreux, et par leur mort, à la vérité, et au Dieu qui les envoyait; de corriger les hommes des vices et des déréglemens publics où ils croupissaient depuis long-temps ; et d'annoncer la doctrine la plus sage, la plus sainte, la plus sublime, la plus conforme aux besoins de l'homme, la plus opposée à ses passions; en un mot, la plus digne de l'Etre souverain dont on eût jamais oui parler sur la terre. Voilà, ô mon Dieu, la sagesse tant vantée, c'est-à-dire, le délire le plus méprisable, de ce que le monde appelle *esprits forts*, et dont le nombre en ces jours de perversité, se multiplie de plus en plus parmi votre peuple.

2. AUSSI, grand Dieu, il n'y a qu'à regarder leurs mœurs, pour avoir horreur de leur doctrine impie. En vain ils veulent nous persuader que la force et la supériorité seule de la raison les a élevés au-dessus des préjugés vulgaires, et fait prendre le parti affreux de l'incrédulité ; c'est la faiblesse et la dépravation seule de leur cœur. Leur vie déshonore non seulement la religion, mais même l'humanité. Les vices les plus infâmes ne sont pour eux que des penchans innocens que la nature nous transmet, et que la nature justifie. Les désirs les plus abominables, dès que leur cœur corrompu les a formés, n'ont pas besoin d'autre titre pour être légitimes. Les passions que chacun trouve en soi, sont pour eux la seule règle infaillible et immuable que la première institution de la nature a laissée aux hommes. Ils regardent les violences que l'homme juste se fait pour les réprimer, comme une contrainte injuste qu'on exerce envers l'huma-

nité, et une tyrannie qui la prive des droits qui sont nés avec elle. Ainsi toute leur vertu se borne à se livrer sans réserve à tout ce que la profonde corruption de leur cœur demande d'eux, de peur de contredire ou de contraindre la nature en ne s'y livrant pas. Ils affectent quelquefois les dehors de la sagesse et de la régularité, c'est pour s'accommoder aux préjugés communs : mais ils se moquent en secret de l'estime que la prévention des hommes attache aux dehors mêmes de l'innocence et de la vertu. On nous vante souvent leur probité, et les maximes sévères d'honneur dont ils se piquent; mais, grand Dieu, quelles vertus même humaines peuvent rester dans des hommes qui se croyent permis tout ce qu'ils désirent, qui regardent les crimes les plus honteux comme des penchans innocens, qui ne croyent rien devoir qu'à eux-mêmes, qui sont persuadés que vous regardez d'un œil égal les vices et les vertus; qui ne connaissent point d'autre règle de leurs mœurs que les passions même qui en font tout le déréglement et tout le désordre? Plus ils sentent que leur vie les rendrait l'opprobre des autres hommes, si elle était connue, plus il affectent au-dehors de modération et de philosophie. Ils se piquent des vertus extérieures qui honorent la société. Ils veulent passer pour amis fidèles, rigides observateurs de leurs promesses; ils font une vaine ostentation de droiture et de sincérité; mais il n'en est pas un seul, ô mon Dieu, qui ne soit en secret dévoué à tous les vices; pas un qui ne soit parjure et trompeur, quand il peut l'être sûrement, et sans que sa gloire en souffre; pas un qui soit capable de faire un bien, si son intérêt ou sa réputation ne l'exigent ; pas un enfin qui se refuse un crime utile ou agréable, qui ne pourra jamais être connu que de lui seul. Qu'ils nous repprochent après cela, d'un air insultant, notre crédulité et notre déférence puérile aux préjugés vulgaires : heureuse crédulité, grand Dieu! qui nous apprend à vous craindre, à vous servir, à vous aimer, à obéir à vos lois saintes et justes, à régler nos mœurs par elles, à être charitables envers nos frères, patiens dans les injures, soumis dans les afflictions, modestes dans la prospérité, fidèles à nos maîtres, doux et affable à nos inférieurs, équitables envers tous les hommes. Conservez-moi, grand Dieu, cette sainte crédulité qui me soumet à vos lois adorables, et inspirez-moi toujours toute l'horreur que mérite une impiété qui rend l'homme le vil esclave de toutes les passions, et le jouet éternel des variations bizarres et honteuses de son propre cœur.

2. Oui, grand Dieu, vous regardez pourtant encore du haut du Ciel ces ennemis de votre vérité et de votre gloire; vous voulez bien jeter encore sur eux quelques regards de miséricorde. Vous troublez souvent leur fausse sécurité par des impulsions secrettes de votre grâce. Vous attendez qu'ils ouvrent enfin les yeux à l'abîme qu'ils se creusent eux-mêmes; qu'ils sentent enfin l'extravagance d'une raison qui met toute sa gloire dans une affreuse singularité, et à se former des systèmes monstrueux et bizarres, plus incompréhensibles que les mystères mêmes de la foi. Vous attendez que l'excès même de leur frénésie les ramène à l'intelligence de la vérité, qui crie encore du fond de leur cœur

cette vérité que tous les efforts de leur impiété n'ont pu étouffer. Vous attendez que détrompés par les horreurs secrettes que l'incrédulité laisse dans leur âme, et que toute leur prétendue fermeté ne peut calmer ; vous attendez, ô mon Dieu, dont les miséricordes sont plus merveilleuses que toutes vos autres œuvres, qu'ils cherchent enfin le bonheur et le véritable repos, non en doutant si vous daignez être témoin de leurs crimes ; mais en vous rappelant dans leur cœur, après en avoir banni les vices qui vous en éloignent, et qui en vous éloignant d'eux, les laissent à eux-mêmes livrés à la tyrannie et à toute la fureur de leurs passions. Mais vous l'attendez en vain : l'impiété mène dans des routes si égarées, que le retour en est très-rare. On revient des faiblesses de l'âge : l'on ne revient guère de la dépravation impie de la raison. Les années mûrissent les passions ; mais l'orgueil de l'incrédulité renaît et se fortifie avec les années. Plus les années deviennent sérieuses, plus elle donnent du crédit et une sorte de bon air à la philosophie de l'impiété ; et la vieillesse est le temps où l'impie s'en fait plus d'honneur, et où elle lui attire aussi plus d'éloges de la part de ses imitateurs. Vous les cherchez en vain, grand Dieu, ces hommes insensés : ils prennent les remords et les terreurs secrettes que votre grace excite encore dans leur âme, pour des restes de préjugés vulgaires que l'éducation a laissés en eux, et que les réflexions ne peuvent plus effacer. Ils deviennent comme inutiles à tous vos desseins de miséricorde ; inutiles à leurs frères, puisqu'ils ont secoué le lien de la religion qui les unissait à eux ; inutiles à la société, qu'ils regardent comme un amas de créatures que le hasard a assemblées, et où chacun n'a point d'autre loi que soi-même; inutiles à la patrie, puisqu'ils envisagent l'autorité publique comme une usurpation sur la liberté des hommes; inutiles à leurs proches, puisqu'ils croyent que les titres de père, d'enfant, de frère, d'époux, sont des titres qui n'engagent à rien, à moins que l'inclination aveugle n'en ratifie les devoirs : enfin inutiles à eux-mêmes, puisque la raison que vous leur avez donnée, ô mon Dieu, pour vous connaître, est la lumière même dont ils abusent pour vous disputer toutes vos perfections adorables : hommes inutiles et inhabiles à tout bien; hommes contagieux, l'opprobre de la religion et de la société, qui ne devraient trouver aucun asile sur la terre, et qui trouvent cependant, ô mon Dieu, au milieu d'une nation qui fait gloire de confesser votre saint nom et les vérités de votre doctrine, des apologistes et des admirateurs.

5. Leur bouche, semblable à un sépulcre plein d'infection et de pourriture, ne s'ouvre que pour exhaler toute la corruption de leur cœur. Les blasphêmes les plus affreux sont devenus leur langage ordinaire. Ils ne se souviennent de vous, grand Dieu, que pour vous dégrader de tout ce qui vous rend le souverain modérateur de l'univers, et l'arbitre des destinées des hommes. Vous seriez banni de leurs entretiens, comme vous l'êtes de leur cœur, si leurs blasphêmes ne mettaient sur leur langue impie votre nom adorable. Ils infectent tout ce qui les approche des maximes du libertinage Ils protestent d'abord que c'est sans intérêt qu'ils ont secoué le joug de la religion, et que la sévérité

seule les a forcés de se défaire des erreurs communes; mais leurs mœurs, ô mon Dieu, découvrent l'artifice et la fausseté de leurs discours. Qu'on les approche de près, qu'on entre dans leur confiance, qu'on paraisse adhérer comme eux à la doctrine de l'impiété : alors ils se démasquent, ils se montrent au naturel; on découvre en eux un fonds de mœurs abominable, une vie dont les déréglemens même du commun des hommes rougiraient; une singularité de débauche encore plus affreuse que celle de leur doctrine, un abandonnement qui ne connaît plus ni règle, ni pudeur, ni bienséance, une façon de penser sur le détail de la conduite, qui fait qu'en ne respectant plus ce qu'il y a de plus sacré parmi les hommes, on ne se respecte plus soi-même. Voilà où les mène cette prétendue vérité qui les a détrompés des préjugés vulgaires. Et cependant, ô mon Dieu, cette impiété dont toute l'attention devrait être de se dérober aux regards publics, se montre avec ostentation. Elle a enfin accoutumé les yeux et les oreilles des Chrétiens à voir et à entendre sans indignation ses horreurs et ses blasphêmes. Ce n'est pas assez, ô mon Dieu, elle se fait des sectateurs; elle ose répandre le venin de sa doctrine; elle trouve tous les jours des cœurs qui viennent s'offrir eux-mêmes à la morsure contagieuse de l'aspic. Ils s'en font une supériorité de raison, et une distinction où ils ne croyent pas la plupart des hommes capables d'atteindre; et la vanité toute seule fait et multiplie des incrédules que la honte devrait cacher dans les ténèbres les plus profondes et les plus impénétrables.

6. Ce n'est pas assez, ô mon Dieu, pour ces

hommes impies, de vivre sans mœurs et sans règle. Ils publient que vos serviteurs n'ont par-dessus eux que plus d'adresse et de ménagement pour dérober leurs désordres secrets aux yeux du public. Ils traitent toute piété d'artifice et d'hypocrisie. Leurs railleries les plus amères, leurs médisances les plus atroces, ne tombent que sur les gens de bien. Si vous permettez que quelqu'un tombe et se démente, ils se hâtent d'insulter à sa chute ; ils le percent de mille traits barbares. Les plaies et le sang de cet infortuné sont pour eux un spectacle de joie et un déplorable triomphe. Il faut bien, pour se calmer sur l'infamie de leurs mœurs, qu'ils tâchent de se persuader que tous les hommes, et ceux mêmes qui paraissent les plus saints, leur ressemblent. Quelle idée, grand Dieu, faut-il qu'ils se fassent du genre humain, pour n'être pas effrayés de ce qu'ils sont eux-mêmes ? Il faut que tout ce que votre grâce a formé dans tous les siècles de Martyrs généreux, de Vierges pures, d'Anachorètes pénitens, de Pasteurs respectables et qui ont donné leur vie pour leur troupeau, de Docteurs célèbres des Eglises, des Justes qui ont été l'édification et l'ornement de leur siècle, d'hommes miraculeux, et encore plus merveilleux par leur vie que par leurs prodiges ; il faut que tous ces hommes, que les infidèles mêmes avaient été forcés de respecter, et qui ont mené sur la terre une vie si digne des Anges du ciel, ayent été des scélérats et des monstres, pour que l'impie puisse se justifier à lui-même ses abominations et ses crimes : c'est cependant ce qu'il ose penser. Quelle fureur, grand Dieu ! et que faudrait-il pour guérir l'incrédule de son impiété, que l'abîme d'extravagances et de contradictions où il est obligé de se jeter pour se cacher l'horreur de sa doctrine?

7. Malheur, ô mon Dieu, aux maisons et aux familles qui donnent accès chez elles à ces ennemis de tout bien. Les troubles et les calamités, les dissensions domestiques y entrent bientôt. Elles deviennent bientôt des écoles où les maximes du libertinage sont enseignées. L'épouse fidèle regarde bientôt la fidélité d'un lien sacré, comme un vain scrupule que la tyrannie des hommes sur son sexe a établi sur la terre. Dès que la crainte de Dieu n'est plus qu'une terreur panique, comme l'impie le prêche, tous les devoirs s'évanouissent, il n'y a plus dans ces maisons infortunées ni ordre, ni subordination, ni confiance. L'enfant se croit autorisé à secouer le joug paternel. Le père croit que laisser agir les penchans de la nature, c'est toute l'éducation qu'il doit donner à ses enfans. L'épouse se persuade que son goût doit décider de ses devoirs. Quelle paix et quelle union, ô mon Dieu, peut-il y avoir dans un lieu où le libertinage seul et le mépris de tout joug, lie ceux qui l'habitent? Quel chaos, quel théâtre d'horreur et de confusion deviendrait la société générale des hommes, si les maximes du libertinage prévalaient parmi eux, et étaient érigées en lois publiques! Quelle affreuse république, s'il pouvait jamais s'en former une dans l'univers, toute composée d'impies, et où les hommes ne pussent mériter que par l'impiété le titre de citoyens!

8. Une doctrine si monstrueuse, ô mon Dieu, peut-elle séduire des hommes en qui toute raison

n'est pas encore éteinte? L'âge, les exemples, les occasions, la faiblesse multiplient tous les jours les prévaricateurs au milieu de votre peuple; ce sont là les sources funestes de la corruption des hommes. Mais s'il s'en trouve, grand Dieu, qui opèrent l'iniquité par système et par principe, en qui le crime devient un dogme, et qui regardant comme une folie et une crédulité, la doctrine sainte qui nous prêche l'innocence et la vertu, ne trouvent de bon sens et de supériorité de raison, que dans celle qui leur fait une leçon continuelle, et comme un devoir de tous les vices: ô Dieu! dans quel nuage épais et ténébreux permettez-vous qu'un cœur endurci s'enveloppe et se plonge! C'est un châtiment terrible, mais juste, que l'homme qui refuse de vous connaître, ne se connaisse pas lui-même. Encore si son aveuglement se bornait à lui cacher l'infamie et les horreurs de son âme, nous adorerions en secret vos jugemens sur les cœurs impénitens. Mais cet aveuglement lui change en vices les vertus mêmes des autres hommes. Il déchire vos serviteurs, et leur prête tous les crimes dont il se sent coupable lui-même. Il ne peut se persuader qu'il y ait un seul juste sur la terre, et il tâche de le persuader en secret à ceux qui l'écoutent. Ses dents cruelles s'acharnent sur l'innocence, et voudraient en exterminer même le nom du milieu des hommes. C'est là leur pain de tous les jours, et l'aliment le plus ordinaire et le plus agréable dont se nourrit la noirceur de son impiété et de sa malice.

9. Quelle ressource, grand Dieu, peut-il rester à ces impies dans leurs afflictions? Vous êtes le consolateur des âmes affligées; et elles trouvent

dans la soumission aux ordres adorables de votre providence, dans les biens que votre sagesse sait tirer en leur faveur de leurs maux mêmes, dans les secours de votre grâce, et enfin dans la foi qui leur fait regarder ces souffrances comme la juste expiation de leurs crimes; elles y trouvent un grand adoucissement à leurs peines. Mais l'impie, qui ne vous connaît point, qui ne vous invoque point, qui croit, ou que vous n'êtes point, ou que vous ne vous mêlez point de ce qui le regarde, à qui peut-il avoir recours dans les maux et les contre-temps qui l'affligent? quel être dans l'univers peut-il invoquer? Il se regarde comme le seul arbitre de sa destinée. Il croit ne tenir qu'à lui seul sur la terre, et ne connaît point de liens qui l'attachent à une puissance invisible qui soit au-dessus de lui. Il faut qu'il combatte seul dans ses souffrances contre toutes les créatures qui se soulèvent contre lui. Dans quelle solitude affreuse se trouve alors l'impie, sans Dieu, sans le témoignage de sa conscience, qui achève de l'accabler par les horreurs qu'elle lui offre; sans espérance que ses peines lui seront utiles, puisqu'il ne connaît de bonheur que dans le temps présent; sans secours du côté des hommes, qui peuvent être touchés de ses maux, mais qui ne sauraient y remédier; seul dans l'univers avec lui-même, comme un infortné qui se voit seul, accablé de maux au milieu d'un chaos vide et ténébreux. Où levera-t-il les yeux, à qui tendra-t-il les mains? Il ne lui reste qu'à s'envelopper dans son désespoir, et se dévouer au hasard, divinité monstrueuse, en qui il a aimé mieux, grand Dieu, mettre sa confiance, que dans votre bonté et votre sagesse, et se précipiter sans savoir où il va, ni d'où il vient, dans les ténèbres hideuses de l'incrédulité qui l'environnent. Aussi, grand Dieu, les impies qui font tant d'ostentation de leur fermeté, sont les plus lâches et les plus timides des hommes, dès qu'ils entrevoyent seulement les approches de la mort. Le danger le moins sérieux les trouble et les allarme. Comme leur vie est l'unique bien qu'ils connaissent et qu'ils attendent, tout ce qui la menace même de plus loin, leur rapproche un spectre affreux qui les glace. Hommes faibles et insensés! ils craignent pour leur corps, destiné à la pourriture, et qu'ils ne sauraient toujours conserver, et ils ne craignent pas pour leur âme, à laquelle il ne tient qu'à eux d'assurer la gloire et l'immortalité qui lui est préparée. Ils craignent les maux de la vie présente, qui ne sont que d'un moment, et qui peuvent nous mériter des biens éternels; et ils ne craignent pas des malheurs qui les attendent, et qui ne doivent jamais finir.

10. Mais que la destinée des âmes qui vous servent et qui vous aiment, ô mon Dieu, est différente ici-bas de celle des impies! La race des Justes a la consolation de vous avoir toujours au milieu d'eux; c'est dans leur cœur que vous versez abondamment les secours les plus puissans de votre grâce. Les jugemens de votre justice peuvent les allarmer à la mort : mais vous y êtes présent pour calmer l'orage, et rétablir la tranquillité et la confiance. Ils peuvent être accablés de maux, d'opprobres, de persécutions, de souffrances en cette vie; car la voie de la croix par où vous avez fait passer votre Fils même, est la voie la plus ordi-

naire par où vous conduisez ses frères pour les faire arriver à la gloire : mais quelle ressource et quelle consolation ne trouvent-ils pas dans cette espérance ? Ils savent que le temps de la captivité va finir en un instant; qu'ils sortiront triomphans de Babylone, pour jouir d'une éternelle paix dans la nouvelle Jérusalem ; que là, il n'y aura plus pour eux ni larmes, ni deuil, ni douleur ; et que les tribulations de la vie présente sont bien rapides et bien légères, comparées au poids éternel de gloire qui les attend, et qu'elles-mêmes leur ont préparé. S'il y a quelque ressource solide sur la terre dans les malheurs qui nous arrivent, on ne peut la trouver que dans la religion : sans elle l'homme porte seul tout le poids de son infortune : il porte de plus le poids de son impiété ; et rien ne peut le soulager que le fardeau même qui l'accable. Cependant, ô mon Dieu, l'impie insulte aux souffrances de vos serviteurs, quand il voit des Justes opprimés, accablés d'adversités ici-bas. Il leur demande avec dérision : Où est donc le Dieu qu'ils servent, et quel secours il donne à ses adorateurs ? Il traite d'illusion l'espérance qu'ils ont en vous, ô mon Dieu, et les regarde comme insensés de renoncer à tous les plaisirs pour un Dieu, ou qui ne peut les secourir, ou qui est insensible à leurs peines. Mais l'espérance qui est cachée dans le cœur de ces âmes fidèles, et qui est pour elles une source féconde de consolations, confond l'impiété de ces reproches. L'aveuglement de l'impie qui les fait, est plus douloureux pour elles, que tous les maux dont vous les affligez, ô mon Dieu ! elles souffrent avec soumission et avec joie la perte de leurs biens et de leur fortune ; mais une sainte indignation les saisit et les transporte à la vue seule des outrages qu'on fait à votre gloire. L'impie, qui avait prétendu les couvrir de confusion comme des hommes simples et crédules, se trouve confondu par la magnanimité de leur foi, par la fermeté de l'espérance qui les soutient, et par le courage héroïque qui leur fait mépriser les adversités que l'impie ne voit même de loin qu'en tremblant, et qui les met au-dessus des passions et de toutes les honteuses faiblesses dont il est lui-même le vil esclave.

11. Que les ennemis de votre nom et de votre doctrine sainte, grand Dieu, cessent donc de nous demander d'un ton impie et ironique : Quand est-ce donc que vous descendrez de la céleste Sion, pour venir récompenser ceux qui renoncent à tout ce qui flatte les passions pour vous plaire ? et quand est-ce que vous leur apporterez la gloire et le salut qu'ils attendent? Ces hommes livrés au crime ne trouvent de véritable sagesse qu'à jouir du présent, et regardent comme une folie de se priver de ce qui est certain, et dont il ne tient qu'à nous de jouir, dans l'espérance d'un avenir, ou qui n'est pas, ou dont personne ne peut nous répondre. Insensés ! comme si vos promesses, grand Dieu, n'étaient pas plus sûres et plus infaillibles que tout ce que nous voyons de nos yeux ; comme si sous un Dieu juste, la même destinée pouvait être réservée au-delà du tombeau aux justes et aux impies ; comme si la rapidité des biens et des maux présens était capable de punir le crime ou de récompenser la vertu; comme si l'homme qui porte en lui une âme immortelle, créée à votre image, n'était fait

que pour ramper, comme la bête, un petit nombre de jours sur la terre dans la boue, se vautrer comme elle dans les plaisirs des sens, et disparaître pour toujours sans qu'il reste aucune trace dans les livres de l'éternité, ni de lui-même, ni de ce qu'il a été pendant sa vie. Ne sentons-nous pas, ô mon Dieu, que nous sommes faits pour quelque chose de plus grand que tout ce que nous voyons ici-bas ? Les plaisirs, la gloire, les honneurs accumulés sur nos têtes, peuvent-ils jamais rendre l'homme heureux ? Ne porte-t-il pas toujours un vide inséparable de son cœur, au milieu de tout ce qu'il croyait le devoir remplir ? Son âme toute entière n'est-elle pas comme empreinte du désir et de la pensée de l'immortalité ? Ne faut-il pas qu'il s'arrache, pour ainsi dire, à lui-même, pour se persuader que tout ce qui est en lui, mourra avec lui? Peut-il jamais, à force d'entasser crimes sur crimes, anéantir le sentiment intérieur de sa conscience, qui le force malgré lui à ne pas donner les mêmes noms aux vices et aux vertus, et à distinguer ce qu'il s'efforce de confondre? Est-il parvenu à se persuader que les vertus et les vices sont des chimères auxquelles la crédulité a donné des noms différens pour les réaliser; que l'inceste et le parricide n'ont rien qui les distingue de la piété filiale et de la pudeur, et qu'on doit les regarder comme des êtres aussi fabuleux et aussi peu réels que les Dieux infâmes du paganisme, qui en donnèrent l'exemple aux hommes ?

Que les impies, grand Dieu, nourrissent, s'ils peuvent, leur sécurité de ces idées noires et abominables ; qu'ils marchent, s'il est possible, d'un pas ferme sur des abîmes si affreux, et dont la raison même est épouvantée ; qu'ils insultent aux macérations, aux violences et aux larmes de vos serviteurs ; qu'ils regardent comme une peine inutile, tout ce qu'ils souffrent pour vous plaire. Leurs dérisions seront bientôt changées en désespoir. Nous n'avons qu'un moment à attendre ; vous allez venir délivrer pour toujours les âmes fidèles de la servitude de leur corps, et des peines inséparables de leur exil. Ce peuple choisi, cet Israël séparé de tous les endroits de la terre, chantera éternellement les louanges de votre grâce. La joie, la paix, un bonheur qui ne finira plus, sera son partage ; et les impies précipités dans un gouffre de feu, iront enfin expier par des tourmens et des remords éternels, par des larmes de fureur et de désespoir, leur impiété et leurs blasphêmes.

PSAUME IX. (1)

Prière d'une âme chrétienne qui rend grâces à Dieu des prospérités qu'il a accordées à l'Eglise, et des victoires qu'il lui a fait remporter sur les ennemis de son nom et de son culte.

℣. 1. Confitebor tibi, Domine, in toto corde meo; narrabo omnia mirabilia tua.

℣. 1. Je vous louerai, Seigneur, de toute l'étendue de mon cœur, je raconterai toutes vos merveilles.

℣. 2. Lœtabor et exultabo in te, psallam nomini tuo, Altissime.

℣. 2. Je me réjouirai en vous, et je ferai paraître ma joie au dehors, je chanterai à la gloire de votre nom, vous qui êtes le Très-Haut.

---

(1) La paraphrase morale de ce psaume étant trop longue, on n'en a mis que les commencemens, et l'on s'est permis d'y faire quelques changemens.

℣. 3. In convertendo inimicum meum retrorsum, infirmabuntur et peribunt a facie tua.

℣. 3. Quand vous aurez renversé et fait tourner en arrière mon ennemi, ceux qui me haïssent tomberont dans la dernière faiblesse, et périront devant votre face.

℣. 4. Quoniam fecisti judicium meum et causam meam; sedisti super thronum, qui judicas justitiam.

℣. 4. Parce que vous m'avez rendu justice, et que vous vous êtes déclaré pour ma cause; vous vous êtes assis sur votre trône, vous qui jugez selon la justice.

℣. 5. Increpasti gentes, et periit impius : nomen eorum delesti in æternum et in sæculum sæculi.

℣. 5. Vous avez repris et traité avec vigueur les nations, et l'impie a péri; vous avez effacé leurs noms pour toute l'éternité, et dans tous les siècles des siècles.

℣. 6. Inimici defecerunt framæ in finem, et civitates eorum destruxisti.

℣. 6. Les armes de l'ennemi ont perdu leur force pour toujours, et vous avez détruit leurs villes.

℣. 7. Periit memoria eorum cum sonitu; et Dominus in æternum permanet.

℣. 7. Leur mémoire a péri avec grand bruit; mais le Seigneur demeure éternellement.

Grand Dieu, toutes les puissances de mon âme, mon cœur et mon esprit, peuvent à peine suffire pour admirer, pour célébrer les merveilles que vous avez opérées dans tous les temps, afin d'empêcher que les portes de l'enfer ne prévalussent contre votre Eglise. Vous ne leur avez opposé d'abord que des hommes simples et obscurs, mais remplis de votre esprit de force et de sagesse; et ils ont élevé sur les débris des autels profanes, soutenus de toute la puissance des Césars, et des nations les plus formidables, répandues dans tout l'univers, ils ont élevé eux seuls l'opprobre de la croix, et le signe adorable du salut de tous les hommes. Un culte impie autorisé par la majesté des lois, par la pompe de ses superstitions et de ses cérémonies, par l'antiquité respectable de ses erreurs, par la science et la sagesse de ses sectateurs, par des préjugés communs à tous les peuples, et qui paraissent avoir pris leur naissance presque avec le monde même; ce culte impie a disparu de dessus la terre, à la vue de douze pauvres pêcheurs qui sont parvenus à en manifester aux hommes l'extravagance et l'impiété, et à leur faire embrasser le mystère d'un Dieu anéanti et la sévérité de son Evangile. Il fallait qu'une doctrine descendue du Ciel trouvât tout l'univers armé contre elle, il fallait qu'elle parût sur la terre sans force et sans secours humain, et qu'elle triomphât cependant de toutes les doctrines humaines répandues sur la face de l'Univers: Il le fallait, Seigneur, pour persuader aux hommes que c'était là votre seul ouvrage, et qu'elle ne devait rien au crédit, à la force, à l'éloquence, à l'intérêt. Vous parûtes puissant, sage, grand et magnifique dans la formation de l'univers; mais vous l'avez paru, si je l'ose dire, encore davantage dans l'établissement de votre église.

Quelle joie, grand Dieu, et quelle consolation pour ceux que vous avez appelés à la connaissance de votre Fils et de ses mystères! quelle joie de sentir que leur espérance n'est pas vaine, et que leur foi, qui humilie la raison par l'obscurité sainte de ses mystères, la console et la rassure pas la certitude et par la merveille de son établissement! Ces grands objets devraient faire l'unique motif de nos cantiques d'actions de grâces; et nous ne nous réjouissons, grand Dieu, que des prospérités temporelles que vous répandez presque toujours sur nous dans votre colère; tandis que nous ne rappelons qu'avec indifférence le bienfait de la foi et de la vocation à l'Evangile, dont vous favorisâtes nos pères. Pour moi, grand Dieu! transporté de joie à ce Sauveur, je ne le perdrai jamais de vue, j'en ferai le principal motif de mes hommages; je m'écrierai sans cesse: si je t'oublie, ô Eglise de mon Dieu, puis-je m'oublier moi-même! Que ma langue se sèche et demeure immobile dans ma bouche, si je ne repasse pas souvent dans ma mémoire les merveilles de ton origine, si je ne te mets pas au commencement de tous mes cantiques de réjouissance. Ainsi soit-il.

En établissant votre Eglise vous lui avez promis, Seigneur, d'être la dépositaire incorruptible de vos vérités. Fidèle à vos promesses, vous rendrez la stabilité de sa chaire aussi durable et aussi éternelle que celle du trône majestueux sur lequel vous êtes assis. C'est de là qu'elle prononcera toujours ses lois et ses jugemens infaillibles. Toutes les lumières de ma science, toute la sagesse de ma raison se borneront à les écouter; et ma cause n'aura jamais rien à craindre de la rigueur de votre justice et de vos jugemens, tandis qu'elle sera confondue avec la sienne.

L'espérance que j'ai, ô mon Dieu, que du haut de votre trône vous soutiendrez toujours la cause de votre Eglise, devient encore plus ferme quand je rappelle tout ce que votre bras a opéré d'éclatant et de merveilleux pour soutenir ses commencemens faibles et timides. L'univers n'était peuplé que de nations idolâtres et ennemies de votre nom et de votre culte : l'empire, la puissance, les richesses, la force, tout était entre leurs mains. Vos Fidèles ne formaient qu'un petit troupeau de brebis dispersées au milieu de ces loups furieux, sans cesse exposées à leur rage. Et cependant, grand Dieu ! vous avez dissipé comme de la poussière toutes ces nations idolâtres, si nombreuses et si puissantes : il n'en reste plus de vestiges : vous en avez éteint et effacé jusqu'au nom de dessus la terre. L'impie persécuteur, un Néron, un Dioclétien, qui avaient rougi toutes les contrées de l'Empire du sang de vos martyrs, ont péri ; et par leur mort funeste et tragique, par les guerres cruelles et interminables qui ont enfin renversé leur empire, ils ont prouvé au monde entier cette immuable vérité : que c'est être votre ennemi, ô mon Dieu, que de l'être de votre Eglise, et que *tout royaume*, tout homme *qui ne lui sera pas soumis périra* : nous la croyons, Seigneur, cette vérité, et nous vous conjurons de nous affermir, d'affermir tous les Français dans la soumission pleine et entière que votre Eglise exige de nous, afin qu'après avoir ici-bas cru et pratiqué les vérités qu'elle nous enseigne, nous ayons le bonheur de recueillir dans le céleste séjour les récompenses qu'elle nous promet. Ainsi soit-il.

Vos fidèles, ô mon Dieu, n'ont pas eu besoin de s'assembler pour détruire les ennemis de votre vérité et de votre gloire. Hélas ! la foi et la patience étaient le seul glaive que vous leur aviez mis entre les mains, et les seules armes aussi qu'ils opposaient à la fureur des tyrans. Le monde devint un théâtre d'horreur, où les rois et les nations conjurées les unes contre les autres, ne semblaient conspirer, en se déduisant tour à tour, qu'à purger l'Univers de cette impie et idolâtre, qui couvrait alors toute la face de la terre. C'était un nouveau déluge de sang dont votre justice se servait pour la punir et la purifier encore. Leurs villes, ces asiles fameux de l'idolâtrie et de la volupté, furent renversées de fond en comble; elles ne furent plus qu'un monceau de ruines, il ne reste plus rien des monumens superbes que leur impiété avait élevés. Et que sont devenus les Césars qui faisaient mouvoir l'univers à leur gré? Ces protecteurs d'un culte profane et insensé, ces oppresseurs barbares de vos Saints et de votre Eglise? A peine en reste-t-il quelque souvenir sur la terre: leur nom même ne s'est conservé jusqu'à nous qu'à la faveur du nom des Martyrs qu'ils ont immolés, et que les fêtes de votre Eglise feront passer d'âge en âge jusqu'à l'avénement de votre Fils. La gloire et la puissance de ces tyrans s'est évanouie avec le bruit que leur ambition, leur cruauté, leurs entreprises insensées avaient fait sur la terre. Semblables au tonnerre qui se forme sur nos têtes, il n'est resté de l'éclat et du bruit passager qu'ils ont fait dans le monde, que l'infection et la puanteur. C'est le destin des choses humaines, de n'avoir qu'une durée courte et rapide, et de tomber aussitôt dans l'éternel oubli d'où elles étaient sorties. Mais votre Eglise, grand Dieu, mais ce chef-d'œuvre admirable de votre sagesse et de votre miséricorde envers les hommes, mais votre empire, maître souverain des cœurs, n'aura point d'autres bornes que celles de l'éternité. Tout nous échappe, tout disparaît, la figure du monde change sans cesse autour de nous. Mais encore une fois, ô mon Dieu! il n'y a que votre Eglise qui ne change point, qui demeure toujours. Appuyée sur vos promesses, *et sûre de ses destinées, elle s'avance à travers le monde qu'elle a sauvé et qui la renie, protégeant sur son passage et les nations qui l'insultent et les puissances qui l'oppriment, et guidant vers le royaume qui lui est préparé le petit troupeau à qui vous avez recommandé de ne pas craindre* (1).

Heureux celui qui ne perd jamais de vue cette *colonne de la vérité!* il ne peut s'égarer; au contraire, celui qui l'abandonne *marche dans les ténèbres, et ne sait où il va* (2). Etrange état! (s'écrie Bossuet dans ses méditations sur l'Evangile); on va, car il faut aller, et notre âme ne peut pas demeurer sans mouvement; on va donc, et on ne sait où l'on va On croit aller à la gloire, au plaisir, à la vie, au bonheur; on va à la perdition et à la mort. On ne sait où l'on va, ni jusqu'à quel point on s'égare. On s'éloigne jusqu'à l'infini de la droite voie, et on ne voit plus la moindre trace ni la moindre route par où l'on y puisse être ramené. Etat trop ordinaire de la vie des hommes. Hélas! hélas! c'est tout ce qu'on en peut dire. C'est par des cris, c'est par des gémissemens et par des larmes, et non point par des paroles qu'il faut déplorer cet état.

Il ne sait où il va. Aveugle, où allez-vous? Quelle malheureuse route enfilez-vous? hélas! hélas! revenez, pendant que vous voyez encore le chemin. Il avance: Ah! quel labyrinthe et combien de fallacieux et inévitables détours va-t-il rencontrer! Il est perdu; je ne le vois plus; il ne se connaît plus

(1) M. l'abbé de La Mennais.

(2) Joan. XII, 35.

lui-même et ne sait où il est : Il marche pourtant toujours, entraîné par une espèce de fatalité malheureuse, et poussé par des passions qu'il a rendues indomptables. Revenez : Il ne peut plus ; il faut qu'il avance. Quel abîme lui est réservé ! quel précipice l'attend ! de quelle bête sera-t-il la proie ! sans secours, sans guide, que deviendra-t-il? hélas ! hélas !

SUR LA PRIERE.

« Si la prière est la nourriture de l'âme, comme les saints Pères nous l'assurent, on peut dire que négliger de prier, c'est s'exposer à tomber dans une langueur mortelle qui ne laisse rien à espérer pour le salut. Cela seul fait sentir l'obligation où nous sommes de remplir un devoir si important et si nécessaire. Mais quoique la prière soit un cri du cœur qui sent ses besoins, et que le Saint-Esprit le forme intérieurement en nous, il est certain que les formules des prières vocales approuvées et pleines des sentimens de l'Ecriture, telles que sont celles qu'on donne ici, peuvent beaucoup servir à nous bien acquitter de ce saint exercice. « La prière, dit saint « Augustin, n'est pas dans les mots : nous ne lais- « sons pas néanmoins de prier vocalement, afin que « les paroles nous rappellent ce que nous devons « désirer. »

Il y a une autre sorte de prière, qu'on appelle MENTALE. Elle se fait par le moyen de la méditation. Au défaut des livres qui en donnent des sujets réglés, selon la méthode ordinaire, tout livre de piété, mais surtout un livre de Pensées ou de Considérations chrétiennes, aide admirablement. On en lit quelques lignes, on réfléchit sur ce qu'on lit, on goûte, on digère, on roule dans son esprit les vérités qui y sont proposées, et on se les applique à soi-même. Ces réflexions, aidées de la grâce, qu'on a soin de demander avant que de lire, ne manquent pas de produire de bons désirs, de saintes affections, et des résolutions sincères. Ces pieux mouvemens font recourir à Dieu, et réclamer son secours; afin de pouvoir éviter ou rechercher ce que l'on a vu être nuisible ou avantageux à l'âme. C'est ce qu'on appelle méditer; ce que tout le monde peut faire, et ce qu'on ne se pardonnera pas à la mort de n'avoir pas fait. Car peut-on espérer que l'importante affaire du salut réussisse, sans y avoir sérieusement pensé? »

PRIÈRE CONTINUELLE.

Il faut prier toujours, et ne cesser jamais (1). Cette prière perpétuelle, (dit Bossuet dans ses méditations sur l'Evangile), ne consiste pas en une perpétuelle tension de l'esprit, qui ne ferait qu'épuiser les forces, et dont on ne viendrait peut-être pas à bout. Cette prière perpétuelle se fait lorsqu'ayant prié à ses heures, on recueille de sa prière et de sa lecture quelque vérité ou quelque mot qu'on conserve dans son cœur, et qu'on rappelle sans effort de temps en temps, en se tenant le plus qu'on peut dans un état de dépendance envers Dieu, en lui exposant son besoin; c'est-à-dire, en l'y remettant devant les yeux sans rien dire. Alors, comme la terre entr'ouverte et desséchée semble demander la pluie, seulement en exposant au ciel sa sécheresse; ainsi l'âme en exposant ses besoins à Dieu. Et c'est ce que dit Da-

(1) Luc, VIII, 1.

vid : *Mon âme, ô Seigneur, est devant vous comme une terre desséchée* (1). Seigneur, je n'ai pas besoin de vous prier ; mon besoin vous prie ; mon indigence vous prie ; ma nécessité vous prie. Tant que cette disposition dure ; on prie sans prier ; tant qu'on demeure attentif à éviter ce qui nous met en péril, on prie sans prier, et Dieu entend ce langage. O Seigneur, devant qui je suis, et à qui ma misère paraît toute entière, ayez-en pitié, et toutes les fois qu'elle paraîtra à vos yeux, ô Dieu très-bon, qu'elle sollicite pour moi vos miséricordes ! Voilà une des manières de prier toujours, et peut-être la plus efficace.

Si dans le sens expliqué, les fidèles doivent *prier toujours*, ils doivent surtout consacrer à cet exercice le commencement et la fin de la journée.

PRIÈRES DU MATIN.

« La *prière du matin est un devoir que Dieu exige comme les prémices de la journée. Avec quelle religion doivent-elles lui être consacrées ? De la fidélité à remplir ce premier devoir dépend tout le succès des actions du reste du jour. Ce seroit risquer infiniment que de le commencer sans avoir demandé à Dieu les secours de sa grâce, et sans l'avoir remercié du repos de la nuit. Ne lui refusez jamais ce double tribut.*

Mais, avant que de prier, rappelez-vous un moment à vous-même. Concevez et ce que vous êtes, et ce qu'est le Dieu devant qui vous êtes ; vous comprendrez sagement l'importance de l'action que vous allez faire, et les sentimens d'humilité, de regret de vos fautes, de respect, d'attention, de modestie, de ferveur, d'amour et de confiance, avec lesquels vous devez toujours la faire. »

---

(1) Ps. CXLII, 6.

In nomine Patris, et Filii, et Spiritûs Sancti. Amen.

Mettons-nous en la présence de Dieu; adorons son saint Nom.

Très-sainte et très-auguste Trinité, Dieu seul en trois personnes, je crois que vous êtes ici présent. Je vous adore avec les sentimens de l'humilité la plus profonde, et vous rends de tout mon cœur les hommages qui sont dus à votre souveraine Majesté.

Remercions Dieu des grâces qu'il nous a faites, et offrons-nous à lui.

Mon Dieu, je vous remercie très-humblement de toutes les grâces que vous m'avez faites jusqu'ici. C'est encore par un effet de votre bonté que je vois ce jour; je veux aussi l'employer uniquement à vous servir. Je vous en consacre toutes les pensées, les paroles, les actions et les peines. Bénissez-les, Seigneur, afin qu'il n'y en ait aucune qui ne soit animée de votre amour, et qui ne tende à votre plus grande gloire.

Formons la résolution d'éviter le péché, et de pratiquer la vertu.

Adorable Jésus, divin modèle de la perfection à laquelle nous devons aspirer, je vais m'appliquer, autant que je le pourrai, à me rendre semblable à vous, doux, humble, chaste, zélé, patient, charitable et résigné comme vous. Et je ferai particulièrement tous mes efforts pour ne pas retomber aujourd'hui dans les fautes que je commets si souvent, et dont je souhaite sincèrement de me corriger.

Demandons à Dieu les grâces qui nous sont nécessaires.

Mon Dieu, vous connaissez ma faiblesse. Je ne

puis rien sans le secours de votre grâce. Ne me la refusez pas, ô mon Dieu : proportionnez-la à mes besoins : donnez-moi assez de force pour éviter tout le mal que vous défendez, pour pratiquer tout le bien que vous attendez de moi, et pour souffrir patiemment toutes les peines qu'il vous plaira de m'envoyer.

PATER noster, qui es in cœlis, sanctificetur nomen tuum : adveniat regnum tuum : fiat voluntas tua, sicut in cœlo et in terrà. Panem nostrum quotidianum da nobis hodie, et dimitte nobis debita nostra, sicut et nos dimittimus debitoribus nostris. Et ne nos inducas in tentationem. Sed libera nos à malo. Amen.

AVE, Maria, gratiâ plena, Dominus tecum, benedicta tu in mulieribus, et benedictus fructus ventris tui, Jesus.

Sancta Maria, Mater Dei, ora pro nobis peccatoribus nunc et in horà mortis nostræ. Amen.

CREDO in Deum, Patrem omnipotentem, creatorem cœli et terræ, et in Jesum Christum Filium ejus unicum Dominum nostrum, qui conceptus est de Spiritu Sancto, natus ex Mariâ Virgine : passus sub Pontio Pilato, crucifixus, mortuus et sepultus : descendit ad inferos, tertiâ die resurrexit à mortuis : ascendit ad cœlos : sedet ad dexteram Dei Patris omnipotentis : indè venturus est judicare vivos et mortuos.

Credo in Spiritum Sanctum, sanctam Ecclesiam catholicam, sanctorum communionem, remissionem peccatorum, carnis resurrectionem, vitam æternam. Amen.

CONFITEOR Deo omnipotenti, beatæ Mariæ semper Virgini, beato Michaeli Archangelo, beato Joanni-Baptistæ, sanctis Apostolis Petro et Paulo, omnibus Sanctis, et tibi, Pater, quia peccavi nimis cogitatione, verbo et opere, meâ culpâ, meâ culpâ, meâ maximâ culpâ. Ideò precor beatam Mariam semper Virginem, beatum Michaelem Archangelum, beatum Joannem-Baptistam, sanctos Apostolos Petrum et Paulum, omnes Sanctos, et te, Pater, orare pro me ad Dominum Deum nostrum.

Misereatur nostrî omnipotens Deus, et dimissis peccatis nostris, perducat nos ad vitam æternam. Amen.

Indulgentiam, absolutionem et remissionem peccatorum nostrorum tribuat nobis omnipotens et misericors Dominus. Amen.

Invoquons la Sainte Vierge, notre bon ange et notre saint Patron.

Sainte vierge, mère de Dieu, ma mère et ma patronne, je me mets sous votre protection, et je me jette avec confiance dans le sein de votre miséricorde. Soyez, ô mère de bonté, mon refuge dans mes besoins, ma consolation dans mes peines, et mon avocate auprès de votre adorable Fils, aujourd'hui, tous les jours de ma vie, et particulièrement à l'heure de ma mort.

Ange du ciel, mon fidèle et charitable guide, obtenez-moi d'être si docile à vos inspirations, et de régler si bien mes pas, que je ne m'écarte en rien de la voie des commandemens de mon Dieu.

Grand Saint, dont j'ai l'honneur de porter le nom, protégez-moi, priez pour moi, afin que je puisse servir Dieu comme vous sur la terre, et le glorifier éternellement avec vous dans le ciel. Ainsi soit-il.

COMMANDEMENS DE DIEU.

1. Un seul Dieu tu adoreras,
Et aimeras parfaitement.
2. Dieu en vain tu ne jureras,
Ni autre chose pareillement.
3. Les Dimanches tu garderas,
En servant Dieu dévotement.
4. Tes Père et Mère honoreras,
Afin que tu vives longuement.
5. Homicide point ne seras,
De fait ni volontairement.
6. Luxurieux point ne seras,
De corps ni de consentement.
7. Les biens d'autrui tu ne prendras,
Ni retiendras à ton escient.
8. Faux témoignage ne diras,
Ni ne mentiras aucunement.
9. L'œuvre de chair ne désireras,
Qu'en mariage seulement.
10. Biens d'autrui ne convoiteras,
Pour les avoir injustement.

COMMANDEMENS DE L'ÉGLISE.

1. Les Fêtes tu sanctifieras,
Qui te sont de commandement.
2. Les Dimanches la Messe ouïras,
Et les Fêtes pareillement.
3. Tous tes péchés confesseras,
A tout le moins une fois l'an.

4. Ton Créateur tu recevras,
Au moins à Pâques humblement.

5. Quatre-Temps, Vigiles jeûneras
Et le Carême entièrement.

6. Vendredi chair ne mangeras,
Ni le samedi mêmement.

LITANIES DU SAINT NOM DE JESUS.

Seigneur, ayez pitié de n.	Kirie, eleison.
Christ, ayez pitié de nous.	Christe, eleison.
Seigneur, ayez pitié de n.	Kyrie, eleison.
Jésus, écoutez-nous.	Jesu, audi nos.
Jésus, exaucez-nous.	Jesu, exaudi nos.
Dieu, le Père des Cieux où vous êtes assis, ayez pitié de nous.	Pater de Cœlis Deus, miserere nobis.
Dieu le Fils, Rédempteur du monde, ayez pitié de n.	Fili Redemptor mundi Deus, miserere nobis.
Dieu le Saint-Esprit, ayez pitié de nous.	Spiritus Sancte Deus, miserere nobis.
Trinité Sainte, qui êtes un seul Dieu, ayez pitié de n.	Sancta Trinitas unus Deus, miserere nobis.
Jésus, Fils du Dieu vivant,	Jesu, Fili Dei vivi.
Jésus, splendeur du Père,	Jesu, splendor Patris.
Jésus, pureté de la lumière éternelle,	Jesu, candor lucis æternæ.
Jésus, Roi de gloire,	Jesu, Rex gloriæ,
Jésus, soleil de justice,	Jesu, sol justitiæ,
Jésus, Fils de la Vierge Marie,	Jesu, Filii Mariæ Virginis,
Jésus admirable,	Jesu admirabilis,
Jésus, Dieu fort,	Jesu, Deus fortis,
Jésus, Père des siècles à venir,	Jesu, Pater futuri sæculi,
Jésus, Ange du grand conseil,	Jesu, magni consilii Angelo,
Jésus très-puissant,	Jesu potentissime,

Ayez pitié de nous.

Jesu patientissime,	Jésus très-patient
Jesu obedientissime,	Jésus très-obéissant,
Jesu, mitis et humilis corde,	Jésus, doux et humble cœur,
Jesu, amator castitatis,	Jésus, amateur de la chasteté,
Jesu, amator noster,	Jésus, qui nous honorez de votre amour,
Jesu, Deus pacis,	Jésus, Dieu de paix,
Jesu, auctor vitæ,	Jésus, auteur de la vie,
Jesu, exemplar virtutum,	Jésus, l'exemplaire des vertus,
Jesu, zelator animarum, miserere nobis.	Jésus, zélateur des âmes, ayez pitié de nous,
Jesu, Deus noster, miserere nobis.	Jésus, notre Dieu, ayez pitié.
Jesu, refugium nostrum, miserere nobis.	Jésus, notre refuge, ayez pitié de nous.
Jesu, pater pauperum, miserere nobis.	Jésus, père des pauvres, ayez pitié de nous.
Jesu, thesaurus fidelium, miserere nobis.	Jésus, trésor des fidèles, ayez pitié de nous.
Jesu, bone Pastor, miserere nobis.	Jésus, bon Pasteur, ayez pitié de nous.
Jesu, lux vera, miserere n.	Jésus, vraie lumière, ayez pitié de nous.
Jesu, sapientia æterna, miserere nobis.	Jésus, sagesse éternelle, ayez pitié de nous.
Jesu, bonitas infinita, miserere nobis.	Jésus, bonté infinie, ayez pitié de nous.
Jesu, via et vita nostra, miserere nobis.	Jésus, notre voie et notre vie, ayez pitié de nous.
Jesu, gaudium Angelorum, miserere nobis.	Jésus, la joie des Anges, ayez pitié de nous.
Jesu, Rex Patriarcharum, miserere nobis.	Jésus, le Roi des Patriarches, ayez pitié de nous.
Jesu, Magister Apostolorum, miserere nobis.	Jésus, le Maître des Apôtres, ayez pitié de nous.
Jesu, Doctor Evangelistarum, miserere nobis.	Jésus, le Docteur des Evangélistes, ayez pitié de n.
Jesu, fortitudo Martyrum, miserere nobis.	Jésus, la force des Martyrs, ayez pitié de nous.
Jesu, lumen Confessorum, miserere nobis.	Jésus, la lumière des Confesseurs, ayez pitié de nous

Jésus, la pureté des Vierges, ayez pitié de nous.	Jesu, puritas Virginum, miserere nobis.
Jésus, la couronne de tous les Saints, ayez pit. de n.	Jesu, corona Sanctorum omnium, miserere nobis,
Soyez-nous propice, Jésus, pardonnez-nous.	Propitius esto, parce nobis, Jesu.
Soyez-nous propice, Jésus, exaucez nos prières.	Propitius esto, exaudi nos, Jesu.
De tout péché, délivrez-nous, Jésus.	Ab omni peccato, libera nos, Jesu.
De votre colère, délivrez.	Ab irâ tuâ, libera nos, Jesu.
Des embûches du démon, délivrez-nous, Jésus.	Ab insidiis diaboli, libera nos, Jesu.
De l'esprit de fornication, délivrez-nous, Jésus.	A spiritu fornicationis, libera nos, Jesu.
De la mort éternelle, déliv.	A morte perpetuâ, libera nos, Jesu.
Du mépris de vos divines inspirations, délivrez.	A neglectu inspirationum tuarum, libera nos, Jesu.
Par le mystère de votre sainte Incarnation, déliv,	Per mysterium sanctæ Incarnationis tuæ, libera n.
Par votre Nativité, délivrez-nous.	Per Nativitatem tuam, libera nos, Jesu.
Par votre enfance, délivrez-nous.	Per infantiam tuam, libera nos, Jesu.
Par votre vie toute divine, délivrez-nous, Jésus.	Per divinissimam vitam tuam, libera nos, Jesu.
Par vos travaux, délivrez.	Per labores tuos, libera nos.
Par votre agonie et par votre Passion, délivrez-nous J.	Per agoniam et Passionem tuam, libera nos, Jesu.
Par votre Croix et par votre abandonnement, délivrez.	Per Crucem et derelictionem tuam, libera nos.
Par vos langueurs, délivrez-nous.	Per languores tuos, libera nos, Jesu.
Par votre mort et par votre sépulture, délivrez-nous.	Per mortem et sepulturam tuam, libera nos, Jesu.
Par votre Résurrection, délivrez-nous, Jésus.	Per Resurrectionem tuam, libera nos, Jesu.
Par votre Ascension, délivrez-nous, Jésus.	Per Ascensionem tuam, libera nos, Jesu.
Par vos joies, délivrez-nous.	Per gaudia tua, libera nos.
Par votre gloire, délivrez-n.	Per gloriam tuam, libera nos, Jesu.
Agneau de Dieu, qui effacez	Agnus Dei, qui tollis pec-

cata mundi, parce nobis, Jesu.
Agnus, etc., exaudi nos, Jes.
Agnus, etc., miserere nobis, Jesu.
Jesu, audi nos.
Jesu, exaudi nos.

les péchés du monde, pardonnez-nous, Jésus.
Agneau, etc., exaucez-nous.
Agneau, etc., ayez pitié de nous, Jésus.
Jésus, écoutez-nous.
Jésus, exaucez-nous.

OREMUS.

DOMINE Jesu Christe, qui dixisti : Petite, et accipietis; quærite, et invenietis; pulsate, et aperietur vobis : quæsumus, da nobis petentibus, divinissimi tui amoris affectum, ut te toto corde, ore et opere diligamus, et à tuâ nunquam laude cessemus. Qui vivis et regnas in sæcula sæculorum. Amen.

PRIONS.

SEIGNEUR Jésus-Christ, qui avez dit : Demandez, et vous recevrez; cherchez, et vous trouverez; frappez, et il vous sera ouvert; faites-nous, s'il vous plaît, la grâce de concevoir l'affection de votre amour tout divin; afin que nous vous aimions de tout notre cœur, en vous confessant de bouche et d'action; et que jamais nous ne cessions de vous louer.

Angelus Domini, etc. Voyez page 86.

C'est ici où l'on commence à prendre des mesures pour se défaire du vice particulier dont on a entrepris de se corriger. 1. On se propose fortement de l'éviter. 2. On prévoit les occasions qu'on aura d'y tomber. 3. On renouvelle ses résolutions. 4. On demande à Dieu le secours de sa grâce.

Et si après toutes ces précautions, et la vigilance qu'on apportera pendant le jour, on vient encore à tomber, on en demande pardon, et l'on s'impose sur-le-champ une petite pénitence, sans se décourager.

PRIÈRES DU SOIR.

S'IL est important de bien commencer la journée, il ne l'est pas moins de la bien finir. Les grâces nouvelles que Dieu nous a accordées pendant le jour, et la protection dont nous avons besoin pour passer la nuit sans danger, sont de nouveaux motifs de prier Dieu, et de le prier avec les dispositions que l'on a déjà marquées.

L'examen du soir, qu'on doit regarder comme un des plus importans devoirs de la vie chrétienne, fait la partie principale de ce dernier exercice de la journée. On en a la méthode dans les Actes suivans : Présence de Dieu, Remercîment, Demande, Recherche, Douur, bon Propos.

Au reste, les bénédictions sensibles que Dieu répand sur les familles où les prières se disent en commun, doivent engager fortement à introduire chez vous l'usage d'une si sainte et si édifiante pratique, surtout le soir, qu'il est plus aisé de se réunir. Où il y aura deux ou trois personnes assemblées en mon nom, *dit notre Seigneur*, je me trouverai au milieu d'elles. *Quoi de plus engageant? Que ne doit-on pas quitter pour se procurer un si grand bonheur?*

In nomine Patris, et Filii, et Spiritûs Sancti. Amen.

Mettons-nous en la présence de Dieu, adorons-le.

Je vous adore, ô mon Dieu! avec la soumission que m'inspire la présence de votre souveraine grandeur. Je crois en vous, parce que vous êtes la vérité même. J'espère en vous, parce que vous êtes infiniment bon. Je vous aime de tout mon cœur, parce que vous êtes souverainement aimable, et j'aime le Prochain comme moi-même, pour l'amour de vous.

Remercions Dieu des grâces qu'il nous a faites.

QUELLES actions de grâces vous rendrai-je, ô mon Dieu! pour tous les biens que j'ai reçus de vous? Vous avez songé à moi de toute éternité; vous m'avez tiré du néant, vous avez donné votre vie pour me racheter, et vous me comblez encore tous les jours d'une infinité de faveurs. Hélas! Seigneur, que puis-je faire en reconnaissance de tant de bontés? Joignez-vous à moi, Esprits bienheureux, pour louer le Dieu des miséricordes, qui ne cesse de faire du bien à la plus indigne et la plus ingrate de ses créatures.

Demandons à Dieu de connaître nos péchés.

SOURCE éternelle de lumières, Esprit-Saint, dissipez les ténèbres qui me cachent la laideur et la malice du péché. Faites-m'en concevoir une si grande horreur, ô mon Dieu! que je le haïsse, s'il se peut, autant que vous le haïssez vous-même, et que je ne craigne rien tant que de le commettre à l'avenir.

Examinons-nous sur le mal commis.

ENVERS DIEU : *Omissions ou négligence dans nos devoirs de piété, irrévérence à l'Eglise, distractions volontaires dans nos prières, défaut d'attention, résis-*

tance à la grâce, juremens, murmures, manque de confiance et de résignation.

ENVERS LE PROCHAIN : *Jugemens téméraires, mépris, haine, jalousie, désir de vengeance, querelles, emportemens, imprécations, injures, médisances, railleries, faux rapports, dommages aux biens ou à la réputation, mauvais exemple, scandale, manque de respect, d'obéissance, de charité, de zèle, de fidélité.*

ENVERS NOUS-MEMES : *Vanité, respect humain, mensonges, pensées, désirs, discours et actions contraires à la pureté, intempérance, colère, impatience, vie inutile et sensuelle, paresse à remplir les devoirs de notre état.*

ME voici, Seigneur, tout couvert de confusion, et pénétré de douleur à la vue de mes fautes. Je viens les détester devant vous, avec un vrai déplaisir d'avoir offensé un Dieu si bon, si aimable, et si digne d'être aimé. Etoit-ce donc là, ô mon Dieu ! ce que vous deviez attendre de ma reconnaissance après m'avoir aimé jusqu'à répandre votre sang pour moi. Oui, Seigneur, j'ai poussé trop loin ma malice et mon ingratitude. Je vous en demande très-humblement pardon, et je vous conjure, ô mon Dieu ! par cette même bonté dont j'ai ressenti tant de fois les effets, de m'accorder la grâce d'en faire dès aujourd'hui, et jusqu'à la mort, une sincère pénitence.

Faisons un ferme propos de ne plus pécher.

Que je souhaiterais, ô mon Dieu ! ne vous avoir jamais offensé. Mais puisque j'ai été assez malheureux que de vous déplaire, je vais vous marquer la douleur que j'en ai par une conduite tout opposée à celle que j'ai gardée jusqu'ici. Je renonce dès à présent au péché, et à l'occasion du péché, surtout de celui où j'ai la faiblesse de retomber si souvent. Et si vous daignez m'accorder votre grâce, ainsi que je la demande et que je l'espère, je tâcherai de remplir fidèlement mes devoirs, et rien ne sera capable de m'arrêter quand il s'agira de vous servir.

Ainsi soit-il.

Notre Père qui êtes aux Cieux, que votre nom soit sanctifié, que votre règne arrive, que votre volonté soit faite en la terre comme au ciel. Donnez-nous aujourd'hui notre pain quotidien, et pardonnez-nous nos offenses comme nous pardonnons à ceux qui nous ont offensés; et ne nous induisez point en tentation, mais délivrez-nous du mal.

Ainsi soit-il.

Je vous salue, Marie, pleine de grâce, le Seigneur est avec vous, vous êtes bénie entre toutes les femmes, et béni est le fruit de votre ventre, Jésus.

Sainte Marie, Mère de Dieu, priez pour nous pauvres pécheurs, maintenant et à l'heure de notre mort.

Ainsi soit-il.

Je crois en Dieu le Père Tout-puissant, Créateur du ciel et de la terre; et en Jésus-Christ son Fils unique, notre Seigneur, qui a été conçu du Saint-Esprit, est né de la Vierge Marie, a souffert sous Ponce Pilate, a été crucifié, est mort, et a été enseveli, est descendu aux enfers, le troisième jour est ressuscité des morts; est monté aux Cieux, est assis à la droite de Dieu le Père Tout-Puissant, d'où il viendra juger les vivans et les morts.

Je crois au Saint-Esprit, la sainte Eglise catholique, la Communion des Saints, la rémission des péchés, la résurrection de la chair, la vie éternelle.

Ainsi soit-il.

Je confesse à Dieu Tout-Puissant, à la bienheureuse Marie toujours Vierge, à saint Michel Archange, à Saint-Jean-Baptiste, aux Saints Apôtres Pierre et Paul, à tous les Saints (et à vous mon Père), que j'ai beaucoup péché par pensées, par paroles et par actions : c'est ma faute, c'est ma faute, c'est ma très-grande faute : c'est pourquoi je prie la bienheureuse Marie toujours Vierge, saint Michel Archange, saint Jean-Baptiste, les saints Apôtres Pierre et Paul, tous les Saints (et vous, mon père), de prier pour moi le Seigneur notre Dieu.

Que le Dieu Tout-Puissant nous fasse miséricorde, qu'il nous pardonne nos péchés, et nous conduise à la vie éternelle.

Ainsi soit-il.

Que le Seigneur Tout-Puissant et miséricordieux nous donne indulgence, absolution et rémission de tous nos péchés.

Ainsi soit-il.

Recommandons-nous à Dieu, à la Sainte Vierge et aux Saints.

Benissez, ô mon Dieu! le repos que je vais prendre pour réparer mes forces, afin de vous mieux servir, Vierge sainte, mère de mon Dieu, et après lui mon unique espérance ; mon bon Ange, mon saint patron, intercédez pour moi, protégez-moi pendant cette nuit, tout le temps de ma vie, et à l'heure de ma mort.

Prions pour les vivans, et pour les Fidèles trépassés.

REPANDEZ, Seigneur, vos bénédictions sur mes parens, mes bienfaiteurs! mes amis et mes ennemis. Protégez tous ceux que vous m'avez donnés pour maîtres, tant spirituels que temporels. Secourez les pauvres, les prisonniers, les affligés, les voyageurs, les malades et les agonisans. Convertissez les hérétiques, et éclairez les infidèles.

Dieu de bonté et de miséricorde, ayez aussi pitié des âmes des fidèles qui sont dans le purgatoire. Mettez fin à leurs peines, et donnez à celles pour lesquelles je suis obligé de prier, le repos et la lumière éternelle.

Ainsi soit-il.

LITANIES DE LA SAINTE VIERGE.

KYRIE, eleison.	SEIGNEUR, ayez pitié de n.
Christe, eleison.	Christ, ayez pitié de nous.
Kyrie, eleison.	Seigneur, ayez pitié de n.
Christe, audi nos.	Christ, écoutez-nous.
Christe, exaudi nos.	Christ, exaucez-nous.
Pater de cœlis Deus, miserere nobis.	Dieu le Père, des Cieux où vous êtes assis, ayez pitié.
Fili, Redemptor mundi Deus, miserere nobis.	Dieu le Fils, Rédempteur du monde, ayez pitié de n.
Spiritus Sancte Deus, miserere nobis.	Dieu le Saint-Esprit, ayez pitié de nous.
Sancta Trinitas unus Deus, miserere nobis.	Trinité Sainte, qui êtes un seul Dieu, ayez pitié de n.
Sancta Maria, ora pro nobis.	Sainte Marie, priez p. nous.
Sancta Dei Genitrix, ora p.	Sainte Mère de Dieu, priez.

Sainte Vierge des Vierges, priez pour nous.	Sancta Virgo Virginum, ora pro nobis.	
Mère du Christ, priez p. n.	Mater Christi, ora pro n.	
Mère de la divine grâce, pr.	Mater divinæ gratiæ, ora.	
Mère très-pure, priez p. n.	Mater purissima, ora pro n.	
Mère très-chaste, priez p. n.	Mater castissima, ora pro n.	
Mère sans tache, priez p. n.	Mater inviolata, ora pro n.	
Mère sans corruption, priez.	Mater intemerata, ora pro.	
Mère aimable, priez p. n.	Mater amabilis, ora pro n.	
Mère admirable, priez p. n.	Mater admirabilis, ora pro.	
Mère du Créateur, priez.	Mater Creatoris, ora pro n.	
Mère du Sauveur, priez:	Mater Salvatoris, ora pro n.	
Vierge très-prudente, priez.	Virgo prudentissima, ora p.	
Vierge vénérable, priez.	Virgo veneranda, ora pro n.	
Vierge célèbre, priez p. n.	Virgo prædicanda, ora p. n.	
Vierge puissante, priez p. n.	Virgo potens, ora pro nobis.	
Vierge clémente, priez p. n.	Virgo clemens, ora pro n.	
Vierge fidèle, priez p. nous.	Virgo fidelis, ora pro nobis.	
Miroir de justice, priez.	Speculum justitiæ, ora p. n.	
Temple de sagesse, priez.	Sedes sapientiæ, ora pro n.	
Cause de notre joie, priez.	Causa nostræ lætitiæ, ora p.	
Vaisseau spirituel, priez.	Vas spirituale,	Ora pro nobis.
Vaisseau honorable, priez.	Vas honorabile,	
Vaisseau insigne de la dévotion, priez pour nous.	Vas insigne devotionis,	
Rose mystique, priez p. n.	Rosa mystica,	
Tour de David, priez p. n.	Turris Davidica,	
Tour d'ivoire, priez p. n.	Turris eburnea,	
Maison dorée, priez p. n.	Domus aurea,	
Arche d'alliance, priez p. n.	Fœderis arca,	
Porte du Ciel, priez p. nous.	Janua cœli,	
Etoile du matin, priez p. n.	Stella matutina,	
Santé des infirmes, priez.	Salus infirmorum, ora p. n.	
Réfuge des pécheurs, priez.	Refugium peccatuorm, ora.	
Consolatrice des affligés, pr.	Consolatrix afflictorum, ora.	
Secours des Chrétiens, priez.	Auxilium Christianorum, ora pro nobis.	
Reine des Anges, priez p. n.	Regina Angelorum, ora pro.	
Reine des Patriarches, priez.	Regina Patriarcharum, ora.	
Reine des Prophètes, priez.	Regina Prophetarum, ora.	
Reine des Apôtres, priez.	Regina Apostolorum, ora.	
Reine des Martyrs, priez.	Regina Martyrum, ora pro.	
Reine des Confesseurs, priez.	Regina Confessorum, ora.	
Reine des Vierges, priez.	Regina Virginum, ora pro.	

Regina Sanctorum omnium, ora pro nobis.	Reine de tous les Saints, pr.
Agnus Dei, qui tollis peccata mundi, parce nobis Domine.	Agneau de Dieu, qui effacez les péchés du monde, pardonnez-nous, Seigneur.
Agnus, etc., exaudi nos, Domine.	Agneau, etc., exaucez-nous, Seigneur.
Agnus Dei, miserere nobis.	Agneau de Dieu, ayez pitié de nous, Seigneur.
Christe, audi nos.	Christ, écoutez-nous.
Christe, exaudi nos.	Christ, exaucez-nous.
Ora pro nobis Sancta Dei genitrix.	Sainte Mère de Dieu, priez pour nous.
Ut digni efficiamur promissionibus Christi.	Afin que nous soyons faits dignes des promesses de Jésus-Christ.

Oremus.

GRATIAM tuam, quæsumus, Domine, mentibus nostris infunde; ut qui Angelo nuntiante, Christi Filii tui Incarnationem cognovimus, per Passionem ejus et Crucem ad Resurrectionis gloriam perducamur. Per eumdem Christum Dominum nostrum. Amen.

Oraison.

SEIGNEUR, nous vous supplions de répandre votre grâce dans nos âmes, afin qu'ayant connu par la voix de l'Ange, l'Incarnation de votre Fils Jésus-Christ, nous arrivions, par sa Passion et sa croix, à la gloire de sa résurrection. Par le même J.-C. N. S Ainsi soit-il.

Autre Oraison.

NOUS vous supplions, Seigneur, de visiter cette demeure et d'en éloigner toutes sortes d'embûches de l'ennemi : que vos saints Anges y habitent, afin de nous conserver en paix, et que votre bénédiction soit toujours sur nous, Par N.-S. J.-C.

Ainsi soit-il.

Prière à tous les Saints.

AMES très-heureuses, qui avez eu la grâce de parvenir à la gloire, obtenez-moi deux choses de celui qui est notre commun Dieu et Père ; que je ne l'offense jamais mortellement, et qu'il ôte de moi tout ce qui lui déplaît.

Ainsi soit-il.

Angelus Domini nuntiavit Mariæ, et concepit de Spiritu sancto. *Ave, Maria*, etc.

Ecce ancilla Domini, fiat mihi secundum verbum tuum. *Ave, Maria*, etc.

Et Verbum caro factum est, et habitavit in nobis. *Ave, Maria*, etc.

Oremus.

Gratiam tuam, quæsumus, etc. *Ci-devant*, *p.* 85.

RÉPONS DE LA MESSE.

Le Prêtre. Introïbo ad altare Dei.

Le Servant répondra : Ad Deum, qui lætificat juventutem meam.

P. Judica me, Deus... et doloso eripe me.

R. Quia tu es, Deus, fortitudo mea, quare me repulisti, et quare tristis incedo, dum affligit me inimicus.

P. Emitte lucem tuam... et in tabernacula tua.

R. Et introïbo ad altare Dei, ad Deum, qui lætificat juventutem meam.

R. Confitebor tibi in citharâ.... et quare conturbas me ?

R. Spera in Deo, quoniam adhuc confitebor illi, salutare vultûs mei, et Deus meus.

P. Gloria Patri et Filio, et Spiritui Sancto.

R. Sicut erat in principio, et nunc et semper, et in sæcula sæculorum. Amen.

P. Introïbo ad altare Dei.

R. Ad Deum, qui lætificat juventutem meam.

P. Adjutorium nostrum in nomine Domini.

R. Qui fecit cœlum et terram.

P. Confiteor Deo, etc.

R. Misereatur tuî omnipotens Deus, et dimissis peccatis tuis, perducat te ad vitam æternam.

P. Amen.

R. Confiteor Deo omnipotenti, beatæ Mariæ semper Virgini, beato Michaeli Archangelo, Beato Joanni Baptistæ, sanctis Apostolis

Petro et Paulo, omnibus sanctis, et tibi, Pater, quia peccavi nimis, cogitatione, verbo et opere, meâ culpâ, meâ culpâ, meâ maximâ culpâ. Ideò precor beatam Mariam semper Virginem, beatum Michaelem Archangelum, Beatum Joannem Baptistam, sanctos Apostolos Petrum et Paulum, omnes Sanctos, et te, Pater, orare pro me ad Dominum Deum nostrum.

P. Misereatur vestrî, etc.

R. Amen.

P. Indulgentiam, etc.

R. Amen.

P. Deus, tu conversus vivificabis nos.

R. Et plebs tua lætabitur in te.

P. Ostende nobis misericordiam tuam.

R. Et salutare tuam da nobis.

P. Domine, exaudi orationem meam.

R. Et clamor meus ad te veniat.

P. Dominus vobiscum.

R. Et cum spiritu tuo.

P. Kyrie, eleison.

R. Kyrie, eleison.

P. Kyrie, eleison.

R. Christe, eleison.

P. Christe, eleison.

R. Christe, eleison.

P. Kyrie, eleison.

R. Kyrie, eleison.

P. Kyrie, eleison.

P. Dominus vobiscum.

R. Et cum spiritu tuo.

A la fin de la Collecte, le Prêtre dit :

Per omnia sæcula sæculorum.

R. Amen.

A la fin de l'Epître.

R. Deo gratias.

A l'Evangile.

P. Sequentia sancti Evangelii secundùm N.

R. Gloria tibi, Domine.

A la fin de l'Evangile.

R. Laus tibi, Christe.

P. Orate, fratres, etc.

R. Suscipiat Dominus hoc Sacrificium de manibus tuis ad laudem et gloriam nominis sui, ad utilitatem quoque nostram, totiusque Ecclesiæ suæ sanctæ.

A la Préface.

P. Per omnia sæcula sæculorum.

R. Amen.

P. Dominus vobiscum.

R. Et cum spiritu tuo.

P. Sursùm corda.

R. Habemus ad Dominum.

P. Gratias agamus Domino Deo nostro.

R. Dignum et justum est.

Au Pater.

P. Per omnia sæcula sæculorum.

R. Amen.

P. Et ne nos inducas in tentationem.

R. Sed libera nos à malo.

Avant l'Agnus Dei.

P. Per omnia sæcula sæculorum.

R. Amen.

P. Pax Domini sit semper vobiscum.

R. Et cum spiritu tuo.

A la fin de la Post-Communion, le Prêtre dit :

Per omnia sæcula sæculorum.

R. Amen.

P. Ite, missa est, *ou* Benedicamus Domino.

R. Deo gratias.

Aux Messes des morts.

P. Requiescant in pace.

R. Amen.

P. Dominus vobiscum.

R. Et cum spiritu tuo.

P. Initium, *ou* Sequentia sancti evangelii secundùm N.

R. Gloria tibi, Domine.

A la fin du dernier Evangile.

R. Deo gratias.

PRIERES.

DURANT LA SAINTE MESSE.

La *Messe est de toutes les actions du Christianisme, la plus glorieuse à Dieu et la plus utile au salut de l'homme. Jésus-Christ y renouvelle le grand mystère de la Rédemption : il s'y fait encore dans un vrai sacrifice, quoique non sanglant, notre victime, et vient en personne nous appliquer à chacun en particulier les mérites de ce sang adorable qu'il a répandu pour nous tous sur la croix. Cela doit inspirer une haute idée de la sainte Messe, et faire souhaiter de la bien entendre; car y assister avec irrévérence, volontairement distrait, sans modestie, sans retenir ses yeux, sans attention, sans respect, c'est renouveler autant qu'il est en soi les opprobres du Calvaire, et déshonorer sa religion.*

Pour éviter un si grand malheur, venez-y avec des dispositions chrétiennes; prenez-y l'esprit de J.-C., offrez-vous avec lui et comme lui. Entrez d'abord à l'Eglise pénétré d'un saint respect; tenez-vous-y dans une modestie et un recueillement que rien ne soit capable de troubler; et, pendant tout le sacrifice, n'ayez d'imagination, d'esprit, de cœur ni de sentiment que pour honorer votre Dieu, et songer aux intérêts de votre âme.

Comme les prières suivantes sont trop courtes pour une messe haute, on y a joint des réflexions ou pratiques intérieures, dont vous pourrez vous servir utilement tout le temps que vous aurez de reste.

PRIÈRE AVANT LA MESSE,

Pour se disposer à la bien entendre.

Je me présente, ô mon adorable Sauveur, devant les saints autels, pour assister à votre divin sacrifice. Daignez, ô mon Dieu, m'en appliquer tout le fruit que vous souhaitez que j'en retire, et suppléez aux dispositions qui me manquent.

Disposez mon cœur aux doux effets de votre bonté; fixez mes sens, réglez mon esprit, purifiez mon âme, effacez par votre sang tous les péchés dont vous voyez que je suis coupable. Oubliez-les tous, ô Dieu de miséricorde! je les déteste pour l'amour de vous, je vous en demande très-humblement pardon, pardonnant moi-même de bon cœur à tous ceux qui auraient pu m'offenser. Faites, ô mon doux Jésus, qu'unissant mes intentions aux vôtres, je me sacrifie tout à vous, comme vous vous sacrifiez entièrement pour moi.

Ainsi soit-il.

Des quatre fins pour lesquelles on offre le sacrifice, on peut appliquer les trois dernières pour d'autres que pour soi, en se servant de quelques-unes des prières suivantes.

OFFRANDE DU SACRIFICE.

Pour remercier Dieu des grâces qu'il a faites à la sainte Vierge et aux autres Saints.

Source adorable de toute justice, grand Dieu,

qui prenez plaisir à vous rendre admirable dans vos Saints, je viens ici vous faire pour eux de très-humbles actions de grâces. Toute leur sainteté vient de vous, et vous n'avez fait que couronner vos dons en leur donnant la gloire dont ils jouissent. Ils vous en bénissent maintenant dans le ciel, et nous nous joignons à eux pour vous remercier des grâces que vous leur avez faites. Souffrez donc, Seigneur, que m'unissant d'intention avec eux, et qu'au nom de N*** (*Nommez ici la sainte Vierge, le Saint ou la Sainte que vous voulez honorer*), je vous offre dans ce sacrifice, avec une humble reconnaissance, la seule victime qui puisse égaler vos dons.

On peut dire cette prières aux fêtes de la sainte Vierge, des Anges, des SS. Patrons et des autres Saints, et des autres neuvaines qu'on fait sous leur invocation.

OFFRANDE DU SACRIFICE.

Pour remercier Dieu de quelque grâce obtenue pour soi ou pour d'autres.

Dieu, dont la bonté est infinie, et qui, sans avoir égard à nos infidélités continuelles, ne cessez de nous combler de vos bienfaits, quelles actions de grâces pourraient en égaler la multitude et la grandeur, si vous ne nous aviez donné votre aimable Fils, et donné en même temps le moyen de vous l'offrir? C'est lui, Seigneur, qui vous remerciera pour nous dans ce sacrifice. Comme il est notre propitiation, il y sera aussi notre reconnaissance. Recevez, Père très-saint, cet inestimable présent que je vous offre en actions de grâces de la faveur que vous m'avez accordée (*ou* à N***), en vous conjurant de continuer à faire éclater sur moi (*ou* sur lui) les effets de votre miséricorde.

Ainsi soit-il.

On ne doit pas oublier cet acte, quand Dieu nous a fait quelques grâce. Un manque de reconnaissance arrêterait de nouvelles faveurs.

OFFRANDE DU SACRIFICE.

Pour demander quelque grâce particulière pour soi ou pour quelqu'autre.

DIEU de bonté, Père infiniment libéral, nous vivons de vos miséricordes, et tout ce que nous avons, nous ne l'avons que de vous. Vous seul, ô mon Dieu, pouvez connaître nos besoins, et nous secourir efficacement dans nos peines. Plein de confiance en votre miséricorde, Seigneur, j'implore votre assistance, et vous demande humblement pour moi (*ou* pour N.) la grâce de (*spécifiez-la*). Ce n'est pas moi, mon Dieu, qui vous en prie : je ne fais qu'emprunter la voix de cette victime qui va être immolée sur l'autel. Accordez, Seigneur, la grâce que je vous demande, au nom et par les mérites de celui qui est le cher objet de vos douces complaisances, et à la médiation duquel vous ne pouvez rien refuser.

On peut dire cette prière, quand on fait une neuvaine pour obtenir quelque faveur, ou spirituelle, ou même temporelle.

OFFRANDE DU SACRIFICE.

Pour le soulagement des âmes du Purgatoire.

PROSTERNÉ humblement devant vous, souverain Créateur de l'Univers, je viens vous prier pour des fidèles morts dans votre grâce, mais qui paient encore à votre justice les péchés qu'ils n'ont pas expiés pendant leur vie. Ce sont des parens, des amis, des bienfaiteurs, qu'un juste devoir m'ordonne de secourir. Et quel secours plus efficace puis-je leur procurer, ô mon Dieu, que de vous offrir pour leur délivrance le sang de l'Agneau sans tache?

Je vous l'offre donc, ô Père commun des vivans et des morts : je vous l'offre pour des enfans que vous chérissez, et qui ne respirent qu'après le bonheur de vous voir et de vous glorifier. Quelque dignes qu'ils soient des châtimens que vous exercez sur eux, Dieu de miséricorde, ouvrez-leur aujourd'hui les trésors immenses des satisfactions de votre Fils, et faites-leur trouver dans ce sacrifice, dont le prix est infini, de quoi acquitter toutes leurs dettes. (*Si vous priez pour quelque personne, ajoutez*) : Je vous l'offre en particulier pour l'âme de N***. (*Que si vous avez dessein de gagner l'indulgence pour elle, ajoutez :*) Et je vous conjure de lui appliquer l'indulgence que j'ai intention d'obtenir aujourd'hui, en communiant pour elle.

COMMENCEMENT

DE LA MESSE.

In nomine Patris, et Filii, et Spiritûs Sancti. Amen.

C'est en votre nom, adorable Trinité, c'est pour vous rendre l'honneur et les hommages qui vous sont dus, que j'assiste au très-saint et très-auguste Sacrifice.

Permettez-moi, divin Sauveur, de m'unir d'intention au Ministre de vos Autels, pour offrir la précieuse victime de mon salut, et donnez-moi les sentimens que j'aurais dû avoir sur le Calvaire, si j'avais assisté au Sacrifice sanglant de votre Passion.

CONFITEOR.

Repassez dans l'amertume de votre cœur les péchés que vous avez commis. Rappelez en gros et confusément ceux qui vous humilient davantage. Exposez à Dieu vos faiblesses; priez-le qu'il vous les pardonne, et que l'abîme de vos misères attire sur vous, en ce Sacrifice, l'abîme de ses miséricordes.

Je m'accuse devant vous, ô mon Dieu, de tous les péchés dont je suis coupable. Je m'en accuse en présence de Marie, la plus pure de toutes les Vierges, de tous les Saints, et de tous les Fidèles, parce que j'ai péché en pensées, en paroles, en actions, en omissions, par ma faute, oui par ma faute, et ma très-grande faute. C'est pourquoi je conjure la très-sainte Vierge et tous les Saints de vouloir intercéder pour moi.

Seigneur, écoutez favorablement ma prière, et accordez-moi l'indulgence, l'absolution et la rémission de tous mes péchés.

KYRIE, ELEISON.

Entretenez-vous dans un doux sentiment de confiance en la bonté de Dieu, qui, vous permettant d'employer un moyen aussi efficace que celui-ci, pour lui demander la grâce de votre réconciliation, vous donne en même temps un gage assuré que vous pourrez l'obtenir.

Divin Créateur de nos âmes, ayez pitié de l'ouvrage de vos mains; Père miséricordieux, faites miséricorde à vos enfans.

Auteur de notre salut, immolé pour nous, appliquez-nous les mérites de votre mort et votre précieux Sang.

Aimable Sauveur, doux Jésus, ayez compassion de nos misères, pardonnez-nous nos péchés.

GLORIA IN EXCELSIS.

Concevez un grand désir de procurer à Dieu toute la gloire, et au prochain tout le bien que vous pourrez. Réjouissez-vous avec les Anges de la part que vous avez à la connaissance des saints Mystères. Remplissez-vous des hautes et magnifiques idées de la Majesté de Dieu, et de Jésus-Christ son Fils.

Gloire à Dieu dans le Ciel et paix aux hommes de bonne volonté sur la terre. Nous vous louons, Seigneurs nous vous bénissons, nous vous adorons, nous vous glorifions, nous vous rendons de très-humbles actions de grâces dans la vue de votre grande gloire, vous qui êtes le Seigneur, le Souverain Monarque, le Très-Haut, le seul vrai Dieu, le Père Tout-Puissant.

Adorable Jésus, Fils unique du Père, Dieu et Seigneur de toutes choses, Agneau envoyé de Dieu pour effacer les péchés du monde, ayez pitié de nous, et du haut du Ciel où vous régnez avec votre Père, jetez un regard de compassion sur nous. Sauvez-nous, vous êtes le seul qui le puissiez, Seigneur Jésus, parce que vous êtes le seul infiniment Saint, infiniment puissant, infiniment adorable, avec le Saint-Esprit dans la gloire du Père.

Ainsi soit-il.

ORAISON.

Accordez-nous, Seigneur, par l'intercession de la sainte Vierge et des Saints que nous honorons, toutes les grâces que votre Ministre vous demande pour lui et pour nous. M'unissant à lui, je vous fais la même prière pour ceux et celles pour lesquels je suis obligé de prier, et je vous demande, Seigneur, pour eux et pour moi, tous les secours que vous savez nous être nécessaires, afin d'obtenir la vie éternelle ; au nom de N.-S. J.-C.

Ainsi soit-il.

EPÎTRE.

Transportez-vous en esprit au temps des Patriarches et des Prophètes, qui n'aspiraient qu'après le Messie. Entrez dans leurs empressemens. Formez leurs désirs, prenez les sentimens qu'ils eurent alors ; vous attendez le même Sauveur ; et plus heureux qu'eux, vous le voyez.

Mon Dieu, vous m'avez appelé à la connaissance de votre sainte Loi, préférablement à tant de peuples qui vivent dans l'ignorance de vos Mystères. Je l'accepte de tout mon cœur, cette divine Loi, et j'écoute avec respect les sacrés oracles que vous avez prononcés par la bouche de vos prophètes. Je les révère avec toute la soumission qui est due à la parole d'un Dieu, et j'en vois l'accomplissement avec toute la joie de mon âme.

Que n'ai-je pour vous, ô mon Dieu, un cœur semblable à celui des Saints de votre ancien Testament! Que ne puis-je vous désirer avec l'ardeur des Patriarches, vous connaître et vous révérer comme les Prophètes, vous aimer et m'attacher uniquement à vous comme les Apôtres!

ÉVANGILE.

Regardez l'Evangile que vous allez entendre, comme la règle de votre foi et de vos mœurs ; règle que J.-C. lui-même vous a adressée, et que vous avez promis de suivre par les engagemens du Baptême : règle que vous observez mal, et sur laquelle vous serez jugé sans adoucissement et sans appel.

Ce ne sont plus, ô mon Dieu, les Prophètes ni les Apôtres qui vont m'instruire de mes devoirs, c'est votre Fils unique, c'est sa parole que je vais entendre. Mais, hélas! que me servira d'avoir cru que c'est votre parole, Seigneur Jésus, si je n'agis pas conformément à ma croyance? Que me servira, lorsque je paraîtrai devant vous, d'avoir eu la foi, sans le mérite de la charité et des bonnes œuvres.

Je crois, et je vis comme si je ne croyais pas, ou comme si je croyais un Evangile contraire au vôtre. Ne me jugez pas, ô mon Dieu, sur cette opposition perpétuelle que je mets entre vos maximes et ma conduite. Je crois, mais inspirez-moi le courage et la force de pratiquer ce que je crois. A vous, Seigneur, en reviendra toute la gloire.

CREDO.

Affermissez ici votre foi. Tout ce que l'Eglise vous propose à croire, est fondé sur la parole de Dieu, annoncée par les Prophètes, révélée dans les Ecritures, déclarée par les miracles, vérifiée par l'établissement de la foi, confirmée par les Martyrs, et rendue sensible par la sainteté de notre religion, et par le solide consentement de ceux qui la professent avec fidélité.

Je crois en un seul Dieu, Père tout-Puissant, qui a fait le ciel et la terre, les choses visibles, et les invisibles ; et en un Seigneur J.-C. Fils unique de Dieu, né de Dieu son Père avant tous les siècles : Dieu de Dieu, Lumière de Lumière, vrai Dieu de vrai Dieu : engendré et non créé, consubstantiel à son Père, et par qui tout a été fait. Qui est descendu du Ciel pour l'amour de nous et pour notre salut : qui s'est incarné par l'opération du Saint-Esprit, dans le sein de la Vierge Marie, et qui s'est fait homme. Je crois aussi que Jésus-Christ a été crucifié pour l'amour de nous sous Ponce Pilate, qu'il a souffert la mort, et qu'il a été enseveli : qu'il est ressuscité le troisième jour suivant les Ecritures : qu'il est monté au Ciel, et qu'il y est assis à la droite de son Père ; qu'il viendra encore une fois sur la terre avec gloire pour juger les vivans et les morts ; et que son règne n'aura point de fin.

Je crois au Saint-Esprit, Seigneur et vivifiant, qui procède du Père et du Fils ; et qui est adoré et glorifié avec le Père et le Fils, et qui a parlé par les Prophètes. Je crois que l'Eglise est une, sainte, catholique et apostolique ; je confesse qu'il y a un Baptême pour la rémission des péchés, et j'attends la résurrection des morts, et la vie du siècle à venir. Ainsi soit-il.

OFFERTOIRE.

Songez au bonheur inconcevable que vous avez de trouver dans ce Sacrifice de quoi honorer parfaitement Dieu, le remercier d'une manière qui égale ses dons, effacer entièrement vos péchés, et obtenir, tant pour vous que pour les autres, toutes les grâces dont vous avez besoin, et mettez à profit tous les précieux momens de cet inestimable bonheur.

Père infiniment saint, Dieu tout-puissant et éternel, quelque indigne que je sois de paraître devant vous, j'ose vous présenter cette Hostie par les mains du Prêtre, avec l'intention qu'a eue J.-C. mon Sauveur, lorsqu'il institua ce Sacrifice, et qu'il a encore au moment qu'il s'immole ici pour lui.

Je vous l'offre, pour reconnaître votre souverain domaine sur moi et sur toutes les créatures. Je vous l'offre pour l'expiation de mes péchés, et en action de grâce de tous les bienfaits dont vous m'avez comblé.

Je vous l'offre enfin, mon Dieu, cet auguste sacrifice, afin d'obtenir de votre infinie bonté, pour moi, pour mes parens, pour mes bienfaiteurs, mes amis et mes ennemis, ces grâces précieuses du salut, qui ne peuvent être accordées à un pécheur qu'en vue des mérites de celui qui est le juste par excellence, et qui s'est fait victime de propitiation pour tous.

Mais en vous offrant cette adorable victime, je vous recommande, ô mon Dieu, toute l'Eglise catholique, notre Saint Père le Pape, notre Evêque, tous les Pasteurs des âmes, notre Roi, la Famille Royale, les Princes chrétiens, et tous les peuples qui croient en vous.

Souvenez-vous aussi, Seigneur, des Fidèles trépassés, et en considération des mérites de votre Fils, donnez-leur un lieu de rafraîchissement, de lumière et de paix.

N'oubliez pas, mon Dieu, vos ennemis et les miens ; ayez pitié de tous les infidèles, des hérétiques, et de tous les pécheurs. Comblez de bénédictions ceux qui me persécutent, et me pardonnez mes péchés, comme je leur pardonne tout le mal qu'ils me font, ou qu'ils voudraient me faire.

Ainsi soit-il.

PRÉFACE.

Elevez-vous en esprit dans le Ciel jusqu'au pied du trône de la Divinité. Là, pénétré d'une sainte et respectueuse crainte, à la vue de cette éclatante Majesté, rendez-lui vos hommages, et mêlez vos louanges aux célestes cantiques des Anges et des Chrérubins qui l'environnent.

Voici l'heureux moment où le Roi des Anges et des hommes va paraître. Seigneur, remplissez-moi de votre esprit; que mon cœur, dégagé de la terre, ne pense qu'à vous. Quelle obligation n'ai-je pas de vous bénir et de vous louer en tout temps et en tout lieu, Dieu du Ciel et de la terre, Maître infiniment grand, Père tout-puissant et éternel?

Rien n'est plus juste, rien n'est plus avantageux, que de nous unir à J.-C. pour vous adorer continuellement. C'est par lui que tous les esprits bienheureux rendent leurs hommages à votre Majesté; c'est par lui que toutes les Vertus du Ciel, saisies d'une frayeur respectueuse, s'unissent pour vous glorifier. Souffrez, Seigneur, que nous joignions nos faibles louanges à celles de ces saintes Intelligences; et que de concert avec elles, nous disions, dans un transport de joie et d'admiration;

SANCTUS.

Saint, Saint, Saint, est le Seigneur, le Dieu des armées. Tout l'univers est rempli de sa gloire. Que les Bienheureux le bénissent dans le Ciel. Béni soit celui qui nous vient sur la terre, Dieu et Seigneur comme celui qui l'envoie.

LE CANON.

Représentez-vous ici l'Autel sur lequel J.-C. va se rendre comme sur le trône de sa miséricorde, où vous avez droit de vous présenter pour exposer tous vos besoins, pour demander et pour obtenir. Dieu qui nous donne son propre Fils, peut-il nous refuser quelque chose?

Nous vous conjurons, au nom de J.-C. votre Fils et notre Seigneur, ô Père infiniment miséricordieux, d'avoir pour agréable, et de bénir l'offrande que nous vous présentons, afin qu'il vous plaise de conserver, de défendre et de gouverner votre sainte Eglise Catholique, avec tous les membres qui la composent, le Pape, notre Evêque, notre Roi, et généralement tous ceux qui font profession de votre sainte Loi.

Nous vous recommandons en particulier, Seigneur, ceux pour qui la justice, la reconnaissance et la charité nous obligent de prier, tous ceux qui sont présens à cet adorable Sacrifice, et singulièrement N. et N. Et afin, grand Dieu! que nos hommages vous soient plus agréables, nous nous unissons à la glorieuse Marie, toujours Vierge, Mère de notre Dieu et Seigneur J.-C., à tous vos Apôtres, à tous les bienheureux Martyrs, et à tous les Saints qui composent avec nous une même Eglise.

Que n'ai-je, en ce moment, ô mon Dieu, les désirs enflammés avec lesquels les saints Patriarches souhaitaient la venue du Messie! Que n'ai-je leur foi et leur amour! Venez, Seigneur Jésus, venez, aimable réparateur du monde, venez accomplir un Mystère qui est l'abrégé de toutes vos merveilles. Il vient cet Agneau de Dieu; voici l'adorable Victime par qui tous les péchés du monde sont effacés.

ÉLÉVATION.

Voilà votre Dieu, votre Sauveur et votre juge. Soyez quelque temps dans le silence, comme saisi d'admiration à la vue de ce qui se passe sur l'Autel. Rappelez toute votre ferveur, et livrez-vous à tous les sentimens que le respect, la confiance et la crainte sont capables d'inspirer.

VERBE incarné, divin Jésus, vrai Dieu et vrai homme, je crois que vous êtes ici présent, je vous y adore avec humilité; je vous aime de tout mon cœur; et comme vous y venez pour l'amour de moi, je me consacre entièrement à vous.

J'adore ce sang précieux que vous avez répandu pour tous les hommes, et j'espère, ô mon Dieu! que vous ne l'aurez pas versé inutilement pour moi. Faites-moi la grâce de m'en appliquer les mérites. Je vous offre le mien, aimable Jésus, en reconnaissance de cette charité infinie que vous avez eue de donner le vôtre pour l'amour de moi.

SUITE DU CANON.

Contemplez affectueusement votre Sauveur sur l'Autel. Méditez les mystères qu'il y renouvelle. Unissez le Sacrifice de votre cœur à celui de son Corps. Offrez-le à Dieu son Père, suppliez-le d'accepter les prières que ce cher Fils lui fait pour vous, et priez vous-même pour les autres.

QUELLE serait donc désormais ma malice et mon ingratitude, si, après avoir vu ce que je vois, je consentais à vous offenser? Non, mon Dieu, je n'oublierai jamais ce que vous me représentez par cette auguste cérémonie; les souffrances de votre Passion, la gloire de votre Résurrection, votre corps tout déchiré, votre sang répandu pour nous, réellement présent à mes yeux sur cet autel.

C'est maintenant, éternelle Majesté, que nous vous offrons de votre grâce véritablement et proprement la victime pure, sainte et sans tache qu'il vous a plu nous donner vous-même, et dont toutes les autres n'étaient que la figure. Oui, grand Dieu, nous osons vous le dire, il y a ici plus que tous les sacrifices d'Abel, d'Abraham et de Melchisédech; la seule victime digne de votre autel, N. S. J.-C., votre Fils, l'unique objet de vos éternelles complaisances.

Que tous ceux qui participent ici de la bouche ou du cœur à cette sacrée victime, soient remplis de sa bénédiction.

Que cette bénédiction se répande, ô mon Dieu! sur les âmes des fidèles qui sont morts dans la paix de l'Eglise, et particulièrement sur l'âme de N*** et de N***. Accordez-leur, Seigneur, en vertu de ces sacrifices, la délivrance entière de leurs peines.

Daignez nous accorder aussi un jour cette grâce à nous-mêmes, Père infiniment bon! et faites-nous entrer en société avec les saints Apôtres, les saints Martyrs, et tous les Saints, afin que nous puissions vous aimer et vous glorifier éternellement avec eux. Ainsi soit-il.

PATER NOSTER.

Nous voici avec Jésus sur un nouveau Calvaire. Tenons-nous au pied de sa croix avec une tendre compassion, comme Madeleine; avec un amour fidèle, comme saint Jean; avec espérance de le voir un jour dans sa gloire, comme les autres Disciples. Regardons-le quelquefois de loin, et pleurons nos péchés avec saint Pierre.

Que je suis heureux, ô mon Dieu, de vous avoir pour Père! Que j'ai de joie de songer que le Ciel où vous êtes, doit être un jour ma demeure! Que votre saint Nom soit glorifié par toute la terre. Régnez absolument sur tous les cœurs et sur toutes les volontés. Ne refusez pas à vos enfans la nourriture spirituelle et corporelle. Nous pardonnons de bon cœur : pardonnez-nous. Soutenez-nous dans les tentations et dans les maux de cette misérable vie; mais préservez-nous du péché, le plus grand de tous les maux. Ainsi soit-il.

AGNUS DEI.

Dieu qui est si glorieux dans le Ciel, si puissant sur la terre, si terrible dans les enfers, n'est ici qu'un Agneau plein de douceur et de bonté. Il y vient pour effacer les péchés du monde, et en particulier les vôtres. Quel motif de confiance! quel sujet de consolation!

Agneau de Dieu, immolé pour moi, ayez pitié de moi. Victime adorable de mon salut, sauvez-moi. Divin Médiateur, obtenez-moi ma grâce auprès de votre Père, donnez-moi votre paix.

COMMUNION.

Pour communier spirituellement, renouvelez par un acte de foi le sentiment que vous avez de la présence de J.-C. Formez un acte de contrition. Excitez dans votre cœur un désir ardent de le recevoir avec le Prêtre. Priez-le qu'il agrée ce désir et qu'il s'unisse à vous, en vous communiquant ses grâces.

Si vous voulez communier sacramentalement, servez-vous ici des prières avec la communion, qui sont ci-après, page 72.

Qu'il me serait doux, ô mon aimable Sauveur, d'être du nombre de ces heureux chrétiens, à qui la pureté de conscience et une tendre piété permettent d'approcher tous les jours de votre sainte Table!

Quel avantage pour moi, si je pouvais en ce moment vous posséder dans mon cœur, vous y rendre mes hommages, vous y exposer mes besoins, et participer aux grâces que vous faites à ceux qui vous reçoivent réellement! Mais puisque j'en suis très-indigne, suppléez, ô mon Dieu, à l'indisposition de mon âme. Pardonnez-moi tous mes péchés, je les déteste de tout mon cœur, parce qu'ils vous déplaisent. Recevez le désir sincère que j'ai de m'unir à vous. Purifiez-moi d'un seul de vos regards, et mettez-moi en état de vous bien recevoir au plutôt.

En attendant cet heureux jour, je vous conjure, Seigneur, de me faire participant des fruits que la communion du Prêtre doit produire en tout le peuple fidèle qui est présent à ce sacrifice. Augmentez ma foi par la vertu de ce divin Sacrement : fortifiez mon espérance : épurez en moi la charité : remplissez mon cœur de votre amour, afin qu'il ne respire plus que vous, et qu'il ne vive plus que pour vous. Ainsi soit-il.

DERNIÈRES ORAISONS.

Efforcez-vous de rendre au Sauveur sacrifice pour sacrifice, en devenant la victime de son amour, en lui immolant toutes les recherches de l'amour-propre, toutes les attentions du respect humain, toutes les répugnances et toutes les inclinations qui ne s'accordent pas avec l'accomplissement de vos devoirs.

Vous venez, ô mon Dieu, de vous immoler pour mon salut, je veux me sacrifier pour votre gloire. Je suis votre victime, ne m'épargnez point. J'accepte de bon cœur toutes les croix qu'il vous plaira de m'envoyer; je les bénis, je les reçois de votre main, et je les unis à la vôtre.

Je sors purifié de vos saints mystères; je fuirai avec horreur les moindres taches du péché, surtout celui où mon penchant m'entraîne avec plus de violence. Je serai fidèle à votre loi, et je suis résolu de tout perdre et de tout souffrir, plutôt que de la violer.

BÉNÉDICTION.

Bénissez, ô mon Dieu, ces saintes résolutions; bénissez-nous tous par la main de votre Ministre: et que les effets de votre bénédiction demeurent éternellement sur nous. Au nom du Père, et du Fils, et du Saint-Esprit. Ainsi soit-il.

DERNIER ÉVANGILE.

Verbe divin, Fils unique du Père, lumière du monde venue du Ciel pour nous en montrer le chemin, ne permettez pas que je ressemble à ce peuple infidèle, qui a refusé de vous reconnaître pour le Messie. Ne souffrez pas que je tombe dans le même aveuglement que ces malheureux, qui ont mieux aimé devenir esclaves de Satan, que d'avoir part à la glorieuse adoption d'enfans de Dieu que vous veniez leur procurer.

Verbe fait chair, je vous adore avec le respect le plus profond; je mets toute ma confiance en vous seul, espérant fermement que, puisque vous êtes mon Dieu, et un Dieu qui s'est fait homme afin de sauver les hommes, vous m'accorderez les grâces nécessaires pour me sanctifier, et vous posséder éternellement dans le Ciel. Ainsi soit-il.

Ne sortez point de l'Eglise sans avoir témoigné votre reconnaissance pour toutes les grâces que Dieu vous a faites dans ce sacrifice. Conservez-en précieusement le fruit, et faites qu'on demeure convaincu en vous voyant, que vous avez profité de la mort et de l'immolation d'un Dieu Sauveur.

PRIÈRE APRÈS LA SAINTE MESSE.

Seigneur, je vous remercie de la grâce que vous m'avez faite, en me permettant aujourd'hui d'assister au sacrifice de la sainte Messe, préférablement à tant d'autres qui n'ont pas eu le même bonheur; et je vous demande pardon de toutes les fautes que j'ai commises par la dissipation et la langueur où je me suis laissé aller en votre présence. Que ce sacrifice, ô mon Dieu, me purifie pour le passé, et me fortifie pour l'avenir.

Je vais présentement avec confiance aux occupations où votre volonté m'appelle. Je me souviendrai toute cette journée de la grâce que vous venez de me faire, et je tâcherai de ne laisser échapper aucune parole, aucune action, de ne former aucun désir, ni aucune pensée qui me fasse perdre le fruit de la Messe que je viens d'entendre. C'est ce que je me propose, avec le secours de votre sainte grâce.

Ainsi soit-il.

LE CHEMIN DE LA CROIX.

C'était la pensée de Saint François de Sales qu'il n'y avait point de plus pressant aiguillon, pour nous faire avancer dans le saint amour, que la considération de la mort et des souffrances de notre Seigneur ; il l'appelait le plus doux et le plus violent des motifs de piété : on peut ajouter qu'il est le plus facile ; car il n'est rien dans la Religion qui ne tende à nous rappeler ces grands mystères, et l'Eucharistie elle-même a été instituée pour en être un mémorial éternel, dit Bossuet ; aussi l'Eglise, cette sage et fidèle dispensatrice des grâces d'en haut, a-t-elle attaché des indulgences très-nombreuses à l'exercice du *Via Crucis* (Chemin de la Croix), lequel consiste principalement à méditer sur la Passion de N. S. J.-C. Les fidèles doivent donc faire souvent ce saint et salutaire exercice, du moins les jours qui précèdent leur communion et ceux où ils ne peuvent assister au sacrifice de nos autels.

Le saint Exercice du *Via Crucis* (Chemin de la Croix) remplace le pélerinage que les Fidèles faisaient autrefois à Jérusalem, pour y visiter les lieux consacrés par l'accomplissement des mystères de notre salut. D'amples Indulgences étaient attachées à ce pélerinage. Les Souverains Pontifes ont ensuite accordé les mêmes Indulgences à ceux qui visiteraient à Rome ou ailleurs, des Eglises désignées, pour y faire les stations qu'ils ne pouvaient pas aller faire à Jérusalem (1). Les Indulgences attachées à l'exercice du *Via Crucis*, sont très-nombreuses et très-étendues ; elles s'appliquent à la personne qui fait ledit Exercice, et, par manière de suffrage, aux âmes du Purgatoire qu'elle a l'intention de soulager.

On peut mettre de l'intervalle entre les parties de l'Exercice du *Via Crucis*, qui représentent les

(1) Enfin, ils ont bien voulu consentir à ce que les personnes qui posséderaient une Croix ou un Crucifix béni par eux ou par leur autorité, et qui s'en serviraient pour faire en particulier le dit Exercice dans leur oratoire, gagnassent les mêmes Indulgences que les personnes qui font en

stations ; mais il faut qu'il soit achevé dans la durée du jour, où on l'a commencé. Le même Exercice peut être fait tous les jours.

Voici une méthode abrégée pour faire l'exercice du *via crucis* :

On commence ce saint Exercice par un acte de contrition, qu'on fait selon la formule qui suit, ou selon toute autre formule équivalente.

Acte de Contrition. Mon Rédempteur, mon Dieu, me voici à vos pieds, me repentant de tout mon cœur des péchés que j'ai commis, parce qu'ils outragent votre souveraine majesté et votre infinie bonté. Je veux plutôt mourir que de vous offenser désormais ; car je vous aime par-dessus toute chose.

1. STATION. Jésus condamné à la mort.

Adoramus te, Christe, et benedicimus tibi ; quia per sanctam Crucem tuam redemisti mundum.

Nous vous adorons, ô Jésus ! et nous vous bénissons parce que vous avez racheté le monde par votre sainte croix.

Méditation. Considère, ô mon âme, comment Pilate condamna à la mort l'innocent Jésus, et com-

---

public les stations établies dans certaines Eglises. Ces mêmes indulgences ne sont accordées qu'à la personne qui possède la première l'objet bénit et qui en fait l'usage indiqué. Pour les gagner, elle doit en tenant l'objet à la main, faire dévotement, à genoux ou debout (à moins qu'elle ne soit malade), l'Exercice du *Via Crucis*, ou du moins dire quatorze *Pater* et *Ave* et *Gloria Patri*, ajouter ensuite cinq *Pater*, cinq *Ave* et cinq *Gloria Patri*, et un pour *le Souverain Pontife*.

ment ton Sauveur reçut cette condamnation, afin que tu fusses délivrée de la tienne.

Ah ! Jésus, je vous rends grâces d'une telle charité ; je vous supplie d'annuller la sentence de mort éternelle que j'ai méritée par mes péchés, afin que je devienne digne de posséder la vie éternelle.

Pater, *Ave*, *Gloria Patri*.

II. Station. Jésus chargé de la Croix.

Adoramus te, *Christe*, etc.

Méditation. Considère, ô mon âme, comment Jésus mit ses épaules sous la Croix, que tes nombreux péchés rendaient si pesante.

Ah ! Jésus, accordez-moi la grâce de ne plus apesantir votre Croix par de nouveaux péchés, et de porter courageusement la mienne en faisant une sincère pénitence.

Pater, *Ave*, *Gloria Patri*.

III. Station. Jésus tombant pour la première fois.

Adoramus te, *Christe*, etc.

Méditation. Considère, ô mon âme, comment Jésus, ne pouvant plus porter le fardeau dont il était chargé, tomba sous la Croix, accablé de fatigue et de douleur.

Ah ! Jésus, mes chutes sont la cause de la vôtre, accordez-moi la grâce de ne plus renouveler votre douleur, en retombant dans le péché.

Pater, *Ave*, *Gloria Patri*.

IV. Station. Jésus rencontrant sa sainte Mère.

Adoramus te, *Christe*, etc.

Méditation. Considère, ô mon âme, quelle douleur éprouva le cœur de Jésus, quand il aperçut Marie, et le cœur de Marie quand elle aperçut Jésus : tes Péchés ont été la cause de la mutuelle affliction du Fils et de la Mère.

Ah ! Jésus, ah ! Marie, faites-moi ressentir une vive douleur de mes péchés ; afin que je les pleure tant que je vivrai, et que je mérite de vous trouver favorable à l'heure de ma mort.

Pater, Ave, Gloria Patri.

V. STATION. Simon le Cyrénée est contraint de porter la Croix de Jésus.

Adoramus te, Christe, etc.

Méditation. Considère, ô mon âme, comment les Juifs, voyant que Jésus n'avait plus la force de porter sa Croix, le déchargèrent de ce fardeau par une feinte compassion.

Ah! Jésus, c'est à moi qu'est due la Croix, parce que j'ai péché : faites qu'au moins je vous accompagne, en portant pour l'amour de vous la Croix de l'adversité.

Pater, Ave. Gloria Patri.

VI. STATION. Le visage de Jésus essuyé par sainte Véronique.

Adoramus te, Christe, etc.

Méditation. Considère, ô mon âme, comment cette sainte femme s'empressa de soulager Jésus, et comment Jésus à son tour s'empressa de la récompenser, en imprimant les traits de sa face sur le linge qu'elle tenait.

Ah ! Jésus, accordez-moi la grâce de purifier mon âme de toutes ses souillures et gravez votre sainte Passion dans mon esprit et dans mon cœur.

Pater, Ave, Gloria Patri.

VII. STATION. Jésus tombant pour la seconde fois.

Adoramus te, Christe, etc.

Méditation. Considère, ô mon âme, les souffrances que Jésus endura dans cette nouvelle chute : tu en es la cause, puisque tu retombes si souvent dans le péché.

Ah ! Jésus, je me confonds devant vous : accordez-moi la grâce de me relever tellement de mes chutes, que je ne retombe plus jamais.

Pater, Ave, Gloria Patri.

VIII. STATION. Jésus rencontrant les femmes à Jérusalem.

Adoramus te, Christe, etc.

Méditation. Considère, ô mon âme, comment Jésus dit à ses femmes de ne pas pleurer sur lui, mais de pleurer sur elles-mêmes ; pour t'apprendre que tu dois déplorer tes péchés, avant de déplorer ses souffrances.

Ah ! Jésus, donnez-moi les larmes d'une véritable contrition, afin que la compassion que j'ai de vos douleurs me soit méritoire.

Pater, Ave, Gloria Patri.

IX. STATION. Jésus tombant pour la troisième fois.

Adoramus te, Christe, etc.

Méditation. Considère, ô mon âme, comment Jésus fit une troisième chute, aussi douloureuse que les deux premières : tu dois te l'imputer, puisque ta malice obstinée te fait tomber sans cesse dans de nouveaux péchés.

Ah ! Jésus, je veux mettre pour toujours un terme à mes iniquités, afin de vous procurer du soulagement : affermissez ma résolution, et rendez-la efficace par votre grâce.

Pater, Ave, Gloria Patri.

X. STATION. Jésus mis à nu et abreuvé de fiel.

Adoramus te, Christe, etc.

Méditation. Considère, ô mon âme, la confusion qu'éprouva Jésus, quand il se vit réduit à une honteuse nudité, et la peine qu'il ressentit quand on lui fit boire de la myrrhe et du fiel. C'est ainsi qu'il a expié tes immodesties et tes gourmandises.

Ah! Jésus, je me repens des libertés que j'ai prises, et des excès que j'ai faits. Je forme la résolution, moyennant votre divin secours, de ne plus renouveler votre honte et vos souffrances, et de vivre désormais dans la modestie et la tempérance.

Pater, Ave, Gloria Patri.

XI. STATION. Jésus attaché à la Croix.

Adoramus te, Christe, etc.

Méditation. Considère, ô mon âme, les tourmens excessifs qu'endura Jésus, quand les Juifs étendirent sur la Croix son corps déjà tout sanglant, et l'y fixèrent en perçant de gros clous ses mains et ses pieds.

Ah! Jésus, vous souffrez tout cela pour moi, et je ne veux rien souffrir pour vous! Attachez donc à votre Croix ma volonté rebelle; je suis enfin résolu de ne plus vous offenser, et de tout endurer pour votre amour.

Pater, Ave, Gloria Patri.

XII. STATION. Jésus mourant sur la Croix.

Adoramus te, Christe, etc.

Méditation. Considère, ô mon âme, qu'après trois heures d'agonie, ton Rédempteur expira sur la Croix pour opérer ton salut.

Ah! Jésus, puisque vous donnez votre vie pour

moi, il est bien juste que j'emploie pour vous le reste de la mienne : j'en prends ici l'engagement sacré ; accordez-moi, par les mérites de votre mort, la grâce de le remplir.

Pater, *Ave*, *Gloria Patri.*

XIII. Station. Le corps de Jésus détaché de la Croix.

Adoramus te, *Christe*, etc.

Méditation. Considère, ô mon âme, quelle fut l'affliction de la Mère de Dieu, quand elle reçut, dans ses bras le corps de son divin Fils, pâle, épuisé de sang et privé de la vie.

Ah! Vierge sainte, obtenez-moi la grâce de ne plus faire mourir Jésus en commettant de nouveaux péchés, mais de le faire toujours vivre en moi par la pratique des vertus chrétiennes.

Pater, *Ave*, *Gloria Patri.*

XIV. Station. Le corps de Jésus mis dans le sépulcre.

Adoramus te, *Christe*, etc.

Méditation. Considère, ô mon âme, comment le saint corps de Jésus fut mis avec un souverain respect dans le sépulcre neuf qui avait été préparé pour lui.

Ah! Jésus, je vous rends grâces de tout ce que vous avez souffert pour me sauver : je vous supplie de me disposer à recevoir, par la sainte Communion, le corps que vous avez livré pour moi, d'établir à jamais votre demeure dans mon âme.

Pater, *Ave*, *Gloria Patri.*

On termine ainsi l'Exercice :

Miserere nostri, *Domine*, *miserere nostri.*

OREMUS.

Deus, qui unigeniti Filii tui pretioso sanguine vivificæ Crucis vexillum sanctificare voluisti, consede, quæsumus, ut omnes qui ejusdem sanctæ Crucis gaudent honore, tuâ quoque gaudeant protectione. Per eumdem Christum Dominum nostrum. Amen.

Fidelium animæ, per misericordiam Dei requiescant in pace. Amen.

Six *Pater*, six *Ave*, et six *Gloria Patri.*

Mon Dieu, j'embrasse de tout mon cœur la Croix de Jésus-Christ et la Chaire de Saint Pierre, pour obtenir de vous la grâce de faire de dignes fruits de pénitence, de vivre et de mourir dans la charité, en vivant et mourant dans le sein de l'Eglise Catholique, Apostolique et Romaine. Ainsi soit-il.

Réciter Notre Père, etc.

Je vous salue, etc.

Dans son audience du 10 mars 1820, le Souverain Pontife PIE VII a accordé à perpétuité:

1°. Cent jours d'indulgence chaque fois que les fidèles réciteront dévotement la prière ci-dessus.

2°. INDULGENCE PLENIÈRE les jours de l'invention de Saint Paul, aux conditions qu'ils auront récité cette prière six mois: que confessés et communiés, ils visiteront une Eglise et y prieront selon les intentions du Souverain Pontife.

AGRÉGATION à la pieuse union du Sacré Cœur de Jésus, érigée canoniquement à Rome, dans la vénérable Eglise de Ste-Marie ad Pineam, *dite* in Capella, *pour tout le Monde catholique.*

Moi,

pour accroître de plus en plus la gloire de Jésus, mort en croix pour nous, et celle de son Cœur enflammé, qui brûle d'amour pour nous dans le très-saint Sacrement de l'Autel; comme aussi pour réparer les outrages qu'il reçoit dans ce Sacrement d'amour; je m'unis avec tous les Agrégés à cette pieuse Union: désirant d'ailleurs participer aux Indulgences qui y sont attachées, et jouir du bien spirituel qu'on y fait, en satisfaction de mes péchés, et en faveur des âmes saintes du Purgatoire. O mon Jésus, réunissez dans votre cœur tous les Agrégés à cette pieuse Union, afin qu'ils brûlent de votre divin amour en accomplissant parfaitement vos divins préceptes et les obligations de leur état.

INDULGENCES accordées à perpétuité *aux Associés du Sacré Cœur de Jésus*, par Pie VII, et applicables aux défunts.

1.° Indulgence plénière le jour de leur Agrégation à ladite union (*Suivant le Rescrit du 7 mars* 1801).

2°. Indulgence plénière le jour de la fête du Sacré Cœur, ou le dimanche qui la suit immédiatement (*Rescrit du 7 mars* 1801, *et du* 12 *juillet* 1803).

3°. Indulgence plénière le premier vendredi, ou le premier dimanche de chaque mois (*Rescrit du* 15 *juillet* 1803, *et du 7 juillet* 1815).

4°. Indulgence plénière un autre jour de chaque mois, choisi à volonté (*Rescrit du* 15 *novembre* 1802).

5°. Indulgence plénière à l'article de la mort, si, repentans, ils invoquent, sinon de bouche, s'ils ne le peuvent, au moins de cœur, le très-saint nom de Jésus (*Rescrit du 7 mars* 1801).

6°. Indulgence partielle de sept ans et sept quarantaines, les quatre dimanches qui précèdent la fête du Sacré cœur.

7°. Autre Indulgence partielle de soixante jours pour chaque œuvre pie qui est faite dévotement par les Agrégés dans le cours de la journée (*Rescrit du 7 mars* 1801).

Pour gagner toutes ces Indulgences, les Agrégés ne sont point obligés de visiter l'église de Sainte Marie, ad Pineam, *ni une autre église; il suffit, suivant le rescrit pontifical du* 20 *mars* 1802, *d'accomplir l'œuvre enjointe, qui con-*

siste à réciter tous les jours au Sacré Cœur de Jésus la prière et l'aspiration suivante :

Pater, Ave, Credo.

FAITES, Ô DOUX CŒUR DE JÉSUS,
QUE JE VOUS AIME TOUJOURS PLUS !

8°. De plus, en vertu d'un Bref apostolique, en date du 2 avril 1805, tous les Agrégés peuvent gagner les Indulgences suivantes, les mêmes que celles qui sont attachées aux stations qui se font à Rome aux jours ci-après désignés, et exprimées dans le décret de la Congrégation des Indulgences, du 9 juillet 1777, savoir :

Dans le Carême.

Le jour des Cendres et le quatrième dimanche du Carême, Indulgence de 15 ans et autant de quarantaines ;

Le dimanche des Rameaux, de 25 ans et autant de quarantaines ;

Le jeudi Saint, Indulgence plénière ;

Les vendredi et samedi Saints, de 30 ans et autant de quarantaines ;

Tous les autres jours de Carême, soit fêtes ou féries, de 10 ans et autant de quarantaines.

A Pâques.

Le jour de Pâques, Indulgence plénière ;

Les deux jours qui suivent et tous les jours de l'Octave, jusqu'au dimanche *in Albis* inclusivement, Indulgence de 30 ans et autant de quarantaines ;

Au jour de l'Ascension.

Indulgence plénière.

A Pentecôte.

Le samedi, veille de la Pentecôte, de 10 ans et autant de quarantaines.

Le dimanche de la Pentecôte et les autres jours de l'Octave, jusqu'au samedi inclusivement, Indulgence de 30 ans et autant de quarantaines.

Dans l'Avent.

Les premier, deuxième et quatrième dimanches de l'Avent, Indulgence de 10 ans et autant de quarantaines.

Le troisième dimanche de l'Avent, Indulgence de 15 ans et autant de quarantaines.

A Noël.

La veille de Noël, la messe de minuit et de l'aurore, Indulgence de 15 ans et autant de quarantaines;

Le jour de la Nativité de Notre Seigneur, Indulgence plénière;

Les trois jours de fêtes qui suivent, comme aussi le jour de la Circoncision, de l'Epiphanie, les dimanches de la Septuagésime, Sexagésime, Quinquagésime, Indulgence de 30 ans et autant de quarantaines.

Les trois jours de Quatre-Temps de chaque saison, Indulgence de 10 ans et autant de quarantaines;

Le jour de la fête de saint Marc, et les trois jours des Rogations, Indulgence de 30 ans et autant de quarantaines.

9°. De plus, par un autre Bref apostolique, également donné à perpétuité; en date du 2 avril 1805, on accorde aux Agrégés l'Indulgence plénière les jours de la Conception, de la Nativité, de l'Annonciation, de la Purification et de l'Assomption de la Sainte Vierge, la fête de Toussaint, la grande Commémoraison des Morts, la fête de saint Joseph, de saint Pierre et de saint Paul, apôtres; de saint Jean, apôtre et évangéliste;

10°. Indulgence de sept ans et de sept quarantaines, pour toutes les autres fêtes de la sainte Vierge et des apôtres, qui n'ont point été ci-dessus mentionnées.

Pour gagner toutes ces Indulgences exprimées dans les numéros 8, 9 *et* 10, *il faut visiter chaque fois l'église de Sainte-Marie* ad Pineam, *ou, si on ne le peut, il faut accomplir une œuvre quelconque imposée à cet effet par le confesseur.*

11°. Autre Indulgence de 7 ans et autant de quarantaines, encore accordée à perpétuité pour chaque jour de la neuvaine qui précède la fête du Sacré Cœur de Jésus, qui se célèbre le vendredi d'après l'octave du Saint Sacrement.

12°. Indulgence plénière pour les six vendredi ou les six dimanches qui précèdent la susdite fête du Sacré Cœur (*Rescrit du* 4 *mars* 1806).

13°. Indulgence plénière pour tous ceux qui visiteront une église oratoire où l'on célébrera la fête du Sacré Cœur, tout autre jour que celui où on célèbre ordinairement cette fête (*Rescrit du* 7 *juillet* 1815).

14°. Enfin, le Souverain Pontife Pie VII, pour accroître de plus en plus la dévotion à la très-sainte Vierge, accorde pour toujours aux Agrégés qui réciteront trois *Gloria Patri* le matin, à midi et le soir, pour remercier la très-sainte Trinité des grâces et priviléges accordés à la Sainte Vierge, trois cents jours d'Indulgence; de plus, cent jours à chaque fois que l'on récitera cette prière; et enfin, Indulgence plénière, une fois le mois, tel jour que l'on voudra (*Rescrit du* 12 *septembre* 1814).

Pour gagner les Indulgences exprimées par les numéros 11 *et* 12, *applicables, comme celles des numéros suivans, aux âmes du Purgatoire, il faut visiter une église ou oratoire où l'on célèbre la fête du Sacré Cœur, ou, si l'on est légitimement empêché, il faut accomplir une œuvre imposée par le confesseur.*

Avertissement premier. Lorsque l'Indulgence qu'on se propose de gagner est plénière, il est clair qu'indépendamment de toute autre condition, il faut remplir la condition ordinaire, qui est de prier suivant les intentions du Saint-Père, étant confessé et communié.

Avertissement deuxième. Il a été déterminé par nos règlemens, que les prêtres de ladite union célébreraient, chaque mois, trois messes pour les défunts de notre Congrégation; les Agrégés, de leur côté, sont priés de faire, chaque mois, quelque communion, ou de réciter la troisième partie du Rosaire, ou de faire quelqu'autre œuvre pie en faveur des défunts de ladite confrérie, en attendant que leurs noms nous ayant été envoyés, ils soient insérés dans le tableau public de la Congrégation, afin qu'on prie pour eux d'une manière plus particulière.

a été agrégé le du

mois d de l'an 18

dûment autorisé à agréger.

CANTIQUE pour les lieux spécialement consacrés au divin Cœur de Jésus.

Air : du Serment français.

PERÇANT les voiles de l'aurore,
Le jour apparaît dans les cieux :
Ainsi, Cœur sacré que j'adore,
Tout rayonnant d'amour tu viens frapper mes yeux.
Séraphins, à ce Roi suprême (*bis.*)
Souffrez que j'offre vos ardeurs :
Pour aimer Jésus comme il aime,
Faibles mortels, c'est trop peu de nos cœurs. (*bis.*)

Toujours dans cet auguste asile
Jésus va régner en vainqueur ;
Venez, peuple tendre et docile,
Au pied de ses autels rendre hommage à son cœur.
Séraphins, etc.

Ce cœur généreux, magnanime,
Du Ciel irrité contre nous
Voulut devenir la victime
Et nous mettre à l'abri des traits de son courroux.
Séraphins, etc.

Des instrumens de son supplice
Il dresse un trophée en ce jour :
Quel noble et touchant artifice,
Pour captiver nos cœurs, les gagner sans retour !
Séraphins, etc.

Contemplez la croix qui s'élève
Du cœur entrouvert de Jésus :
Le sang de Jésus est la sève
Qui fait croître et fleurir cet arbre des élus.
Séraphins, etc.

f

Sondez la profonde blessure
D'où des flots de sang ont coulé ;
C'est là qu'attendri je mesure
Par quel excès d'amour Jésus s'est immolé.
Séraphins, etc.

Comptez ces épines cruelles,
Jésus en soutint les rigueurs :
A leur aspect, âmes charnelles,
Oseriez-vous encor vous couronner de fleurs?
Séraphins, etc.

Que vois-je? des torrens de flammes
S'élancent du cœur de mon Dieu!
Amour, oui c'est toi qui l'enflammes,
Ah! partout en ces lieux répands un si beau feu
Séraphins, etc.

Autour de ce Cœur, ô saints Anges!
Tremblans et joyeux à la fois,
Chantez, célébrez ses louanges :
A vos chants s'uniront et nos cœurs et nos voix.
Séraphins, etc.

O cœur, notre unique espérance,
Couronne en ce jour tes bienfaits :
Deviens le salut de la France,
Et force tous les cœurs de t'aimer à jamais.
Séraphins, etc.

FIN.

DE L'IMPRIMERIE D'A. EGRON,
rue des Noyers, n° 37.

www.ingramcontent.com/pod-product-compliance
Ingram Content Group UK Ltd.
Pitfield, Milton Keynes, MK11 3LW, UK
UKHW020918180726
13838UKWH00002B/612